Matemática para o Ensino Fundamental

Caderno de Atividades
9º ano
volume 2

2ª Edição

Manoel Benedito Rodrigues

Carlos Nely C. de Oliveira

Editora Policarpo

São Paulo
2023

Digitação, Diagramação : Sueli Cardoso dos Santos - suly.santos@gmail.com
Elizabeth Miranda da Silva - elizabeth.ms2015@gmail.com

Dados Internacionais de Catalogação, na Publicação (CIP)

(Câmara Brasileira do Livro, SP, Brasil)

Rodrigues, Manoel Benedito. Oliveira, Carlos Nely C. de.
Matemática / Manoel Benedito Rodrigues. Carlos Nely C. de Oliveira.
- São Paulo: Editora Policarpo, **2ª Ed. - 2023**
ISBN: 978-65-88667-26-2
1. Matemática 2. Ensino fundamental
I. Rodrigues, Manoel Benedito II. Título.

Índices para catálogo sistemático:

site: http://editorapolicarpo.com.br

Todos os direitos reservados à:

EDITORA POLICARPO LTDA

Rua: Dr. Rafael de Barros, 175 – Conj. 01

São Paulo – SP – CEP: 04003 – 041

Tels.: (11) 3288 – 0895 / (11) 3284 – 8916

e – mail: contato@editorapolicarpo.com.br

Índice

I — RADICIAÇÃO 01
1 – Números irracionais 01
2 – Definição de raiz enésima em $\mathbb{R}$ 02
3 – Propriedades 03
4 – Operações com números irracionais na forma de radicais 06
5 – Racionalização de denominadores 18
6 – Potência de expoente racional Fracionário 22

II — EQUAÇÕES 25
1 – Resolução por fatoração 25
2 – Equação do 2º grau 30

III — FUNÇÃO POLINOMIAL DO 2º GRAU (FUNÇÃO QUADRÁTICA) 53
1 – Definição 53
2 – Parábola 53
3 – Gráfico da função quadrática 53
4 – Concavidade da parábola e raízes da função quadrática 54
5 – Vértice da parábola e valor máximo ou valor mínimo 55
6 – Ponto de interseção da parábola $y = ax^2 + bc + c$ com os eixos coordenados 55
7 – Eixo de simetria do gráfico da função quadrática 56
8 – Imagem da função quadrática 57
9 – Intervalos nos quais é crescente e decrescente 57
10 – Variação do sinal da função quadrática 58

IV — INEQUAÇÕES DO 2º GRAU E REDUTÍVEIS 85
1 – Inequações do 2º grau 85
2 – Inequações na forma de produto ou quociente 90
3 – Sistema de inequações 93
4 – Fatoração do trinômio $ax^2 + bx + c$ 101
5 – Exercícios de Fixação 106

V — TEOREMA DE PITÁGORAS 113
1 – Teorema de Pitágoras 113
2 – Recíproco do teorema de Pitágoras 114

I RADICIAÇÃO

1 – Números irracionais

Os pitagóricos (seguidores de Pitágoras [570 AC – 495 AC] inicialmente pensavam que considerando dois segmentos quaisquer, sempre existiria um segmento, menor ou igual ao menor deles, que caberia números inteiros de vezes em ambos. Isto é, pensavam que dois segmentos quaisquer eram sempre comensuráveis. Mas eles próprios, por volta de 500 AC, descobriram e provaram (supõe-se que Hipaso de Metaponto tenha provado) que considerando um quadrado e sua diagonal, não existe um segmento, por menor que seja, que caiba números inteiros de vezes no lado e na diagonal.

Para o lado igual a unidade, por exemplo, a sua diagonal é o número, indicado por $\sqrt{2}$, que como não é racional, não pode ser escrito na forma $\frac{a}{b}$ com a e b inteiros, é chamado irracional.

$$\boxed{\sqrt{2} = 1,41421356\ldots}$$ (é decimal não é periódico)

São também irracionais: $\sqrt{3}$, $\sqrt{5}$, $\sqrt{6}$, ..., $\sqrt[3]{2}$, $\sqrt[3]{3}$, $\sqrt[3]{5}$, ...

O número irracional mais famoso é o π:

$$\boxed{\pi = 3,141592653589\ldots}$$ (é decimal não é periódico)

π é razão entre o comprimento C de uma circunferência e o seu diâmetro 2R:

$$\boxed{\frac{C}{2R} = \pi}$$

Outro número irracional famoso é o número de Euler ou Napier:

$$\boxed{e = 2,718281828459\ldots}$$ (é decimal não é periódico)

Descoberto por Jakob Bernouilli (1655 – 1705) ao estudar problemas de juros compostos.

Obs.: 1) Números do tipo $\sqrt{2}$, $\sqrt{3}$, $\sqrt[3]{2}$, $\sqrt[3]{3}$, ... são números irracionais algébricos (são raízes de polinômios de coeficientes inteiros)

2) Números como π e e são trancendentes (não existe polinômio de coeficientes inteiros dos quais eles sejam raízes).

Neste capítulo vamos estudar, os números irracionais na forma de radical. Vamos simplificar expressões do tipo:

$$\sqrt{12}, \sqrt[3]{54}, 3\sqrt{12} + 5\sqrt{27}, 2\sqrt{3}(2\sqrt{6}), 5\sqrt{3} : \sqrt[3]{3}, \text{etc}\ldots$$

2 – Definição de raiz enésima em $\mathbb{R}$

1º caso

n é natural ímpar e **a** e **b** são reais quaisquer.

$$b^n = a \Leftrightarrow \sqrt[n]{a} = b$$

2º caso

n é natural par positivo e **a** e **b** são reais não negativos.

$$b^n = a \Leftrightarrow \sqrt[n]{a} = b$$

Consequências da definição

1) $\sqrt[1]{a} = a$

2) Para **n** ímpar positivo: $\sqrt[n]{a^n} = a$

3) Para **n** par positivo: $\sqrt[n]{a^n} = \begin{cases} a \text{ se } a \geq 0 \\ -a \text{ se } a < 0 \end{cases}$

Exemplos:

1) $\sqrt[3]{8} = 2$, $\sqrt[3]{-8} = -2$, $\sqrt{16} = 4$, $\sqrt{-16} \notin \mathbb{R}$

2) $\sqrt[7]{2^7} = 2$, $\sqrt[7]{-2^7} = -2$, $\sqrt[8]{-2^8} \notin \mathbb{R}$, $\sqrt[8]{(-2)^8} = \sqrt[8]{2^8} = 2$

1 Determinar, se for número real, as seguintes raízes:

a) $\sqrt[3]{27} =$	$\sqrt[3]{-27} =$	$\sqrt{25} =$	$\sqrt{-25} =$
b) $\sqrt[5]{2^5} =$	$\sqrt[9]{-2^9} =$	$\sqrt[4]{-2^4} =$	$\sqrt[4]{(-2)^4} =$
c) $\sqrt[3]{64} =$	$\sqrt[3]{-64} =$	$\sqrt{121} =$	$\sqrt{144} =$
d) $\sqrt[3]{125} =$	$\sqrt[3]{-125} =$	$\sqrt[4]{16} =$	$\sqrt[4]{-16} =$
e) $\sqrt[4]{625} =$	$\sqrt[4]{-625} =$	$\sqrt[5]{243} =$	$\sqrt[5]{-243} =$
f) $\sqrt[7]{1} =$	$\sqrt[7]{-1} =$	$\sqrt[6]{1} =$	$\sqrt[6]{-1} =$
g) $\sqrt[7]{0} =$	$\sqrt[7]{-0} =$	$\sqrt[6]{0} =$	$\sqrt[6]{-0} =$
h) $\sqrt[4]{(-3)^4} =$	$\sqrt[4]{-3^4} =$	$\sqrt[5]{-32} =$	$\sqrt[5]{32} =$
i) $\sqrt[6]{64} =$	$\sqrt{169} =$	$\sqrt{196} =$	$\sqrt{225} =$
j) $\sqrt{256} =$	$\sqrt{289} =$	$\sqrt{324} =$	$\sqrt{361} =$

3 – Propriedades

Se os números reais em questão satisfazem as condições da definição, são válidas as propriedades:

$$\sqrt[n]{a} \cdot \sqrt[n]{b} = \sqrt[n]{ab} \qquad (\sqrt[n]{a} \cdot \sqrt[n]{b} \cdot \sqrt[n]{c} = \sqrt[n]{a \cdot b \cdot c})$$

$$\frac{\sqrt[n]{a}}{\sqrt[n]{b}} = \sqrt[n]{\frac{a}{b}} \qquad \sqrt[n]{a^m} = \sqrt[np]{a^{mp}}$$

$$(\sqrt[n]{a})^m = \sqrt[n]{a^m} \qquad \sqrt[n]{\sqrt[m]{a}} = \sqrt[n \cdot m]{a}$$

Exemplos:

1) $\sqrt[7]{2^5} \cdot \sqrt[7]{2^2} = \sqrt[7]{2^5 \cdot 2^2} = \sqrt[7]{2^7} = 2$, $\quad \sqrt[5]{2} \cdot \sqrt[5]{3} = \sqrt[5]{2 \cdot 3} = \sqrt[5]{6}$

2) $\dfrac{\sqrt[6]{2^5}}{\sqrt[6]{2^2}} = \sqrt[6]{\dfrac{2^5}{2^2}} = \sqrt[6]{2^3} = \sqrt[6:3]{2^{3:3}} = \sqrt[2]{2^1} = \sqrt{2}$, $\quad \sqrt[5]{12} : \sqrt[5]{2} = \sqrt[5]{12:2} = \sqrt[5]{6}$

3) $(\sqrt[8]{3})^6 = \sqrt[8]{3^6} = \sqrt[8:2]{3^{6:2}} = \sqrt[4]{3^3}$

4) $\sqrt[3]{\sqrt{8}} = \sqrt[3 \cdot 2]{8} = \sqrt[3 \cdot 2]{2^3} = \sqrt[2]{2^1} = \sqrt{2}$

5) $\sqrt[3]{2^3 \cdot 3^3 \cdot 5} = \sqrt[3]{2^3} \cdot \sqrt[3]{3^3} \cdot \sqrt[3]{5} = 2 \cdot 3 \cdot \sqrt[3]{5} = 6\sqrt[3]{5}$. Tiramos fatores do radicando.

6) $\sqrt[5]{2^5 \cdot 3^5 \cdot 7} = 2 \cdot 3 \cdot \sqrt[5]{7} = 6\sqrt[5]{7}$. Tiramos fatores do radicando.

7) $\sqrt[3]{2^6 \cdot 3^3 \cdot 5^{15} \cdot 7} = 2^2 \cdot 3 \cdot 5^5 \cdot \sqrt[3]{7}$, $\quad \sqrt[3]{2^6 \cdot 3^3 \cdot 5} = 2^2 \cdot 3\sqrt[3]{5} = 12\sqrt[3]{5}$

8) $2^2 \sqrt[5]{3} = \sqrt[5]{2^{10}} \cdot \sqrt[5]{3} = \sqrt[5]{2^{10} \cdot 3}$. Introduzimos fator no radicando.

9) $2^3 \cdot 3 \sqrt[5]{7} = \sqrt[5]{2^{15} \cdot 3^5 \cdot 7}$. Introduzimos fatores no radicando.

10) $\sqrt[7]{2^3 \sqrt{2}} = \sqrt[7]{\sqrt{2^6} \cdot \sqrt{2}} = \sqrt[7]{\sqrt{2^6 \cdot 2}} = \sqrt[14]{2^7} = \sqrt{2}$

2 Simplicar as expressões:

a) $\sqrt[6]{2^2} =$	$\sqrt[14]{2^8} =$	$\sqrt[20]{2^{15}} =$
b) $\sqrt[5]{2^{10}} =$	$\sqrt[3]{2^9} =$	$\sqrt{5^4} =$
c) $\sqrt[3]{2^3 \cdot 5} =$	$\sqrt[5]{3^5 \cdot 2} =$	$\sqrt[7]{3 \cdot 5^7} =$
d) $\sqrt[4]{2 \cdot 5^8} =$	$\sqrt[5]{3^{10} \cdot 5} =$	$\sqrt{2^6 \cdot 3} =$

3 De acordo com as propriedades, simplificar as expressões:

a) $\sqrt[3]{\sqrt[4]{5}} =$

$\sqrt{\sqrt[3]{\sqrt{2}}} =$

$\sqrt[5]{\sqrt{\sqrt{3}}} =$

b) $(\sqrt[3]{5})^3 =$

$(\sqrt[4]{5})^2 =$

$(\sqrt[3]{5})^6 =$

4 Admitindo que as bases literais são números reais positivos, simplificar as expressões:

a) $\sqrt[4]{a^4 b} =$

$\sqrt[5]{a^{10} \cdot b} =$

$\sqrt[4]{a^{12} \cdot b} =$

b) $\sqrt[3]{a^4} =$

$\sqrt[5]{a^7} =$

$\sqrt[6]{a^7} =$

c) $\sqrt[3]{a^8} =$

$\sqrt[4]{a^{15}} =$

$\sqrt[5]{a^{23}} =$

d) $\sqrt[5]{2^5 \cdot 3^5 \cdot 5} =$

$\sqrt[3]{2^3 \cdot 5^3 \cdot 49} =$

$\sqrt[3]{2^6 \cdot 5} =$

e) $\sqrt[3]{2^6 \cdot 3^9 \cdot 7} =$

f) $\sqrt[5]{2^7 \cdot 3^{12} \cdot 5} =$

g) $\sqrt[9]{2^4 \sqrt{2}} =$

h) $\sqrt[3]{5 \sqrt{5}} =$

Nos exercícios seguintes considerar as bases literais como sendo reais positivos:

5 Simplificar:

a) $\sqrt[6]{a^8} =$

$\sqrt[12]{a^{15}} =$

b) $\sqrt[4]{a^6 b^2} =$

$\sqrt[6]{a^3 b^9} =$

c) $\sqrt[5]{a^3} \cdot \sqrt[5]{a^2} \cdot \sqrt[5]{a^4} \cdot \sqrt[5]{a} =$

d) $\sqrt[6]{a^2 b} \cdot \sqrt[6]{ab^2} \cdot \sqrt[6]{a^3 b^5} =$

e) $\sqrt[3]{a^7 b^8 c^4} : \sqrt[3]{ab^2 c^2} =$

6 Simplificar as expressões:

a) $\sqrt[4]{4} =$

$\sqrt[6]{8} =$

b) $\sqrt[8]{16} =$

$\sqrt[6]{27} =$

c) $\sqrt[10]{32} =$

$\sqrt[6]{125} =$

d) $\sqrt[6]{81} =$

$\sqrt[10]{64} =$

7 Determinar as raízes:

a) $\sqrt[4]{16} =$ | $\sqrt[4]{81} =$ | $\sqrt[4]{625} =$ | $\sqrt[3]{27} =$
b) $\sqrt[3]{-27} =$ | $\sqrt[3]{125} =$ | $\sqrt[3]{-125} =$ | $\sqrt[3]{343} =$
c) $\sqrt[3]{-343} =$ | $\sqrt[3]{64} =$ | $\sqrt[3]{216} =$ | $\sqrt[5]{243} =$

8 Simplificar as expressões:

a) $\sqrt{8} =$ | $\sqrt[3]{16} =$ | $\sqrt[4]{32} =$
b) $\sqrt[3]{-16} =$ | $\sqrt{27} =$ | $\sqrt[3]{-81} =$
c) $\sqrt[4]{243} =$ | $\sqrt{343} =$ | $\sqrt{125} =$

9 Em cada caso temos o produto de um quadrado perfeito ou um cubo perfeito por um número primo. Simplificar as expressões:

a) $\sqrt{12} =$ | $\sqrt{20} =$ | $\sqrt{28} =$
b) $\sqrt[3]{24} =$ | $\sqrt[3]{40} =$ | $\sqrt[3]{56} =$
c) $\sqrt{18} =$ | $\sqrt{45} =$ | $\sqrt{63} =$
d) $\sqrt{48} =$ | $\sqrt{80} =$ | $\sqrt{112} =$
e) $\sqrt[3]{54} =$ | $\sqrt[3]{135} =$ | $\sqrt[3]{250} =$
f) $\sqrt{50} =$ | $\sqrt{75} =$ | $\sqrt{175} =$

10 Simplificar as expressões:

a) $\sqrt{24} =$ | $\sqrt{54} =$
b) $\sqrt[3]{48} =$ | $\sqrt{48} =$
c) $\sqrt{96} =$ | $\sqrt[3]{162} =$

11 Simplificar:

a) $3\sqrt{20} =$ | $2\sqrt{50} =$

b) $\dfrac{2}{3}\sqrt{18} =$ | $6\sqrt{\dfrac{2}{9}} =$

c) $2\sqrt{72} =$ | $2\sqrt[3]{72} =$

d) $5\sqrt{80} =$ | $3\sqrt[4]{80} =$

e) $3\sqrt[3]{108} =$ | $4\sqrt{108} =$

f) $2\sqrt{500} =$ | $3\sqrt[3]{500} =$

Resp: **1** a) 3, −3, 5, ∉ R   b) 2, −2, ∉ R, 2   c) 4, −4, 11, 12   d) 5, −5, 2, ∉ R   e) 5, ∉ R, 3, −3

f) 1, −1, 1, ∉ R   g) 0, 0, 0, 0   h) 3, ∉ R, −2, 2   i) 2, 13, 14, 15   j) 16, 17, 18, 19

2 a) $\sqrt[3]{2}$, $\sqrt[7]{2^4}$, $\sqrt[4]{2^3}$ b) $2^2 = 4$, $2^3 = 8$, $5^2 = 25$ c) $2\sqrt[3]{5}$, $3\sqrt[5]{2}$, $5\sqrt[7]{3}$ d) $25\sqrt[4]{2}$, $9\sqrt[5]{5}$, $8\sqrt{3}$

4 – Operações com números irracionais na forma de radicais

1 — Adição e Subtração

Na adição e subtração podemos simplificar as expressões apenas quando os índices forem iguais e os radicandos forem iguais (juntamos os termos semelhantes).

Exemplos:

1) $8\sqrt[3]{7} + 5\sqrt[3]{7} = 13\sqrt[3]{7}$, $-7\sqrt{3} + 5\sqrt{3} = -2\sqrt{3}$, $5\sqrt{2} - 4\sqrt{2} = 1\sqrt{2} = \sqrt{2}$

2) $3\sqrt{2} + 5\sqrt{3} - 7\sqrt{2} + 4\sqrt{3} - 2\sqrt{2} - \sqrt{3} = -6\sqrt{2} + 8\sqrt{3}$

3) $7\sqrt[4]{9} + 5\sqrt{12} - 3\sqrt{75} =$
$= 7\sqrt[4]{3^2} + 5\sqrt{2^2 \cdot 3} - 3\sqrt{3 \cdot 5^2} =$
$= 7\sqrt{3} + 5 \cdot 2\sqrt{3} - 3 \cdot 5\sqrt{3} =$
$= 7\sqrt{3} + 10\sqrt{3} - 15\sqrt{3} = 2\sqrt{3} =$

4) $\sqrt{4\sqrt{3}} + 7\sqrt{\sqrt[4]{9}} - \sqrt[4]{243} =$
$= 2\sqrt{\sqrt{3}} + 7\sqrt[8]{3^2} - \sqrt[4]{3^5} =$
$= 2\sqrt[4]{3} + 7\sqrt[4]{3} - \sqrt[4]{3^4 \cdot 3} =$
$= 2\sqrt[4]{3} + 7\sqrt[4]{3} - 3\sqrt[4]{3} = 6\sqrt[4]{3}$

2 — Multiplicação e divisão

Quando os radicais tiverem o mesmo índice multiplicamos (ou dividimos) os radicandos, conservando o índice comum.

Se os radicais não tiverem o mesmo índice, é necessário reduzir ao mesmo índice (mínimo múltiplo comum dos índices dados), primeiramente.

1º caso — Os radicais têm os mesmos índices

Exemplos:

1) $\sqrt[7]{2} \cdot \sqrt[7]{3} = \sqrt[7]{2 \cdot 3} = \sqrt[7]{6}$, $\sqrt{2} \cdot \sqrt{8} = \sqrt{16} = 4$

2) $\sqrt{2} \cdot \sqrt{6} = \sqrt{2 \cdot 6} = \sqrt{2 \cdot 2 \cdot 3} = 2\sqrt{3}$, ou:

$\sqrt{2} \cdot \sqrt{6} = \sqrt{2} \cdot \sqrt{2 \cdot 3} = \sqrt{2} \cdot \sqrt{2} \cdot \sqrt{3} = (\sqrt{2})^2 \sqrt{3} = 2\sqrt{3}$

3) $\sqrt[3]{10} : \sqrt[3]{2} = \sqrt[3]{10:2} = \sqrt[3]{5}$, $\sqrt{6} : \sqrt{3} = \sqrt{2}$, $\sqrt[3]{54} : \sqrt[3]{2} = \sqrt[3]{27} = 3$

2º caso — Os radicais não tem o mesmo índice

Reduzimos primeiramente ao mesmo índice e caimos no caso anterior.

Exemplos:

1) $\sqrt[4]{2^3} \cdot \sqrt[6]{2^1}$

mmc (4,6) = 12

$\sqrt[12]{2^9} \cdot \sqrt[12]{2^2} =$

$\sqrt[12]{2^9 \cdot 2^2} = \sqrt[12]{2^{11}}$

2) $\sqrt[10]{2^7} : \sqrt[15]{2^4}$

mmc (10, 15) = 30

$\sqrt[30]{2^{21}} : \sqrt[30]{2^8}$

$\sqrt[30]{2^{21} : 2^8} = \sqrt[30]{2^{13}}$

3) $\sqrt[9]{9} \cdot \sqrt[6]{243} \cdot \sqrt[8]{81}$

$\sqrt[9]{3^2} \cdot \sqrt[6]{3^5} \cdot \sqrt[8]{3^4}$

$\sqrt[9]{3^2} \cdot \sqrt[6]{3^5} \cdot \sqrt{3}$

$\sqrt[18]{3^4 \cdot 3^{15} \cdot 3^9} = \sqrt[18]{3^{28}} =$

$= \sqrt[9]{3^{14}} = \sqrt[9]{3^9 \cdot 3^5} = 3\sqrt[9]{3^5}$

Exemplos usando a propriedade distributiva.

1) $2\sqrt{2}(3\sqrt{6}+5\sqrt{10}) =$
$6\sqrt{2\cdot 6} + 10\sqrt{2\cdot 10} =$
$6\sqrt{2\cdot 2\cdot 3} + 10\sqrt{2\cdot 2\cdot 5} =$
$6\sqrt{2^2\cdot 3} + 10\sqrt{2^2\cdot 5} =$
$6\cdot 2\sqrt{3} + 10\cdot 2\sqrt{5} = 12\sqrt{3} + 20\sqrt{5}$

2) $(2\sqrt{6}-3\sqrt{2})(5\sqrt{6}-2\sqrt{2}) =$
$2\sqrt{6}(5\sqrt{6}-2\sqrt{2}) - 3\sqrt{2}(5\sqrt{6}-2\sqrt{2}) =$
$10\sqrt{36} - 4\sqrt{12} - 15\sqrt{12} + 6\sqrt{4} =$
$10\cdot 6 - 19\sqrt{12} + 6\cdot 2 =$
$72 - 19\sqrt{4\cdot 3} = 72 - 19\cdot 2\sqrt{3} = 72 - 38\sqrt{3}$

Exemplos usando produtos notáveis.

1) $(\sqrt{7}+\sqrt{2})(\sqrt{7}-\sqrt{2}) = (\sqrt{7})^2 - (\sqrt{2})^2 = 7 - 2 = 5$

2) $(3\sqrt{7}-2\sqrt{5})(3\sqrt{7}+2\sqrt{5}) = (3\sqrt{7})^2 - (2\sqrt{5})^2 = 9\cdot 7 - 4\cdot 5 = 63 - 20 = 43$

3) $(5\sqrt{3}+4\sqrt{2})^2 = (5\sqrt{3})^2 + 2\cdot 5\sqrt{3}\cdot 4\sqrt{2} + (4\sqrt{2})^2 = 25\cdot 3 + 40\sqrt{6} + 16\cdot 2 = 107 + 40\sqrt{6}$

4) $(3\sqrt{2}-2\sqrt{3})^2 = 18 - 12\sqrt{6} + 12 = 30 - 12\sqrt{6}$

5) $(2\sqrt{3}+3\sqrt{2}+5)^2 = 12 + 18 + 25 + 12\sqrt{6} + 10\sqrt{3} + 30\sqrt{2} = 55 + 12\sqrt{6} + 10\sqrt{3} + 30\sqrt{2}$

6) $(3\sqrt{5}-2\sqrt{3}-1)^2 = 45 + 12 + 1 - 12\sqrt{15} - 6\sqrt{5} + 4\sqrt{3} = 58 - 12\sqrt{15} - 6\sqrt{5} + 4\sqrt{3}$

7) $(2\sqrt{3}+1)^3 = 8\cdot 3\sqrt{3} + 3(12\cdot 1) + 3(2\sqrt{3}\cdot 1) + 1 =$
$= 24\sqrt{3} + 36 + 6\sqrt{3} + 1 = 30\sqrt{3} + 37$

8) $(3\sqrt{2}-2\sqrt{3})^3 = 27\cdot 2\sqrt{2} - 3(18)(2\sqrt{3}) + 3(3\sqrt{2})\cdot 12 - 8\cdot 3\sqrt{3} =$
$= 54\sqrt{2} - 108\sqrt{3} + 108\sqrt{2} - 24\sqrt{3} = 162\sqrt{2} - 132\sqrt{3}$

9) $(\sqrt[4]{3}+\sqrt[4]{2})(\sqrt{3}-\sqrt[4]{6}+\sqrt{2}) = (\sqrt[4]{3})^3 + (\sqrt[4]{2})^3 = \sqrt[4]{27} + \sqrt[4]{8}$

10) $(3\sqrt[6]{2}-2\sqrt[6]{3})(9\sqrt[3]{2}+6\sqrt[6]{6}+4\sqrt[3]{3}) = (3\sqrt[6]{2})^3 - (2\sqrt[6]{3})^3 = 27\sqrt{2} - 8\sqrt{3}$

11) $(\sqrt[3]{5}+\sqrt[3]{2})(\sqrt[3]{25}-\sqrt[3]{10}+\sqrt[3]{4}) = (\sqrt[3]{5})^3 + (\sqrt[3]{2})^3 = 5 + 2 = 7$

12) $(3\sqrt[3]{2}-3)(9\sqrt[3]{4}+9\sqrt[3]{2}+9) = (3\sqrt[3]{2})^3 - 3^3 = 54 - 27 = 27$

Resp: **3** a) $\sqrt[12]{5}, \sqrt[12]{2}, \sqrt[20]{3}$ b) $5, \sqrt{5}, 25$ **4** a) $a\sqrt[4]{b}, a^2\sqrt[5]{b}, a^3\sqrt[4]{b}$ b) $a^3\sqrt{a}, a^5\sqrt{a^2}, a^6\sqrt{a}$ c) $a^2\sqrt[3]{a^2}, a^3\sqrt[4]{a^3}, a^4\sqrt[5]{a^3}$
d) $6\sqrt[5]{5}, 10\sqrt[3]{49}, 4\sqrt[3]{5}$ e) $108\sqrt[3]{7}$ f) $18\sqrt[5]{180}$ g) $\sqrt{2}$ h) $\sqrt{5}$ **5** a) $a^3\sqrt{a}, a^4\sqrt[4]{a}$
b) $a\sqrt{ab}, b\sqrt{ab}$ c) a^2 d) $ab\sqrt[3]{b}$ e) $a^2b^2\sqrt[3]{c^2}$ **6** a) $\sqrt{2}, \sqrt{2}$ b) $\sqrt{2}, \sqrt{3}$ c) $\sqrt{2}, \sqrt{5}$
d) $\sqrt[3]{9}, \sqrt[5]{8}$ **7** a) $2, 3, 5, 3$ b) $-3, 5, -5, 7$ c) $-7, 4, 6, 3$ **8** a) $2\sqrt{2}, 2\sqrt[3]{2}, 2\sqrt[4]{2}$
b) $-2\sqrt[3]{2}, 3\sqrt{3}, -3\sqrt[3]{3}$ c) $3\sqrt[4]{3}, 7\sqrt{7}, 5\sqrt{5}$ **9** a) $2\sqrt{3}, 2\sqrt{5}, 2\sqrt{7}$ b) $2\sqrt[3]{3}, 2\sqrt[3]{5}, 2\sqrt[3]{7}$
c) $3\sqrt{2}, 3\sqrt{5}, 3\sqrt{7}$ d) $4\sqrt{3}, 4\sqrt{5}, 4\sqrt{7}$ e) $3\sqrt[3]{2}, 3\sqrt[3]{5}, 5\sqrt[3]{2}$ f) $5\sqrt{2}, 5\sqrt{3}, 5\sqrt{7}$ **10** a) $2\sqrt{6}, 3\sqrt{6}$
b) $2\sqrt[3]{6}, 4\sqrt{3}$ c) $4\sqrt{6}, 3\sqrt[3]{6}$ **11** a) $6\sqrt{5}, 10\sqrt{2}$ b) $2\sqrt{2}, 2\sqrt{2}$ c) $12\sqrt{2}, 4\sqrt[3]{9}$
d) $20\sqrt{5}, 6\sqrt[4]{5}$ e) $9\sqrt[3]{4}, 24\sqrt{3}$ f) $20\sqrt{5}, 15\sqrt[3]{4}$

12 Simplificar as expressões:

a) $2\sqrt{3} + 3\sqrt{3} + 5\sqrt{3} =$

b) $-2\sqrt{3} + 3\sqrt{3} - 7\sqrt{3} =$

$-2\sqrt[3]{5} - 3\sqrt[3]{5} - 7\sqrt[3]{5} =$

$9\sqrt[4]{5} + 5\sqrt[4]{5} - 7\sqrt[4]{5} =$

13 Simplificar:

a) $5\sqrt{2} - 2\sqrt{2} - 5\sqrt{3} - 2\sqrt{3}$

b) $2\sqrt[3]{3} + 5\sqrt{3} - 8\sqrt{3} + 6\sqrt[3]{3}$

c) $3\sqrt{2} - 5\sqrt{2} - 9\sqrt{5} + 8\sqrt{2} - \sqrt{5}$

d) $5\sqrt{6} - 3\sqrt{3} - 2\sqrt{2} + 5\sqrt{3} - 2\sqrt{6}$

e) $3\sqrt{3} - 2\sqrt{2} + 5 - 7\sqrt{2} + 8\sqrt{3} - 2 + 4\sqrt{2} - 5\sqrt{3} - 7 + \sqrt{2} + \sqrt{3}$

f) $2\sqrt{3} - 3\sqrt{2} - 2\sqrt{4} - 5\sqrt{2} + 7\sqrt{3} + 3\sqrt{9} + 11\sqrt{2} - 3\sqrt{25} + 8\sqrt{2}$

g) $\sqrt[4]{4} - 2\sqrt[6]{27} + 3\sqrt[8]{16} - \sqrt[4]{9} + 2\sqrt[6]{8} - 3\sqrt[10]{32} - 2\sqrt[8]{81}$

14 Simplificar as expressões:

a) $2\sqrt{12} - 3\sqrt{18} + 2\sqrt{75} + 6\sqrt{50} - 2\sqrt{98} - 3\sqrt{48}$

b) $2\sqrt{8} - 3\sqrt{27} - 2\sqrt{32} + 2\sqrt{243} - \sqrt{128} - 2\sqrt{18} - 3\sqrt{12}$

c) $\frac{2}{3}\sqrt{18} - \frac{3}{2}\sqrt{12} - \frac{1}{3}\sqrt{27} + \frac{5}{2}\sqrt{8} - \frac{3}{5}\sqrt{75} - \frac{2}{7}\sqrt{98}$

d) $\frac{1}{2}\sqrt[3]{16} + \frac{1}{3}\sqrt[3]{54} - \frac{3}{2}\sqrt[3]{24} + \frac{3}{5}\sqrt[3]{250} + \frac{3}{4}\sqrt[3]{192} - \frac{3}{2}\sqrt[3]{128} + \frac{1}{5}\sqrt[3]{375} + \frac{5}{7}\sqrt[3]{686}$

15 Completar o cálculo do mínimo múltiplo comum entre os números dados:

a) 8, 12, 6, 4

b) 15, 6, 12, 30

c) 12, 18, 30, 36

16 Simplificar as seguintes expressões: (O mmc pode também ser determinado pegando o menor múltiplo positivo do maior dos números, que seja também múltiplo dos outros)

a) $\dfrac{2}{3} - \dfrac{1}{2} - \dfrac{3}{4} + 2 =$

$= \dfrac{}{12}$

b) $\dfrac{3}{5} - \dfrac{1}{3} - \dfrac{5}{6} + \dfrac{7}{15} =$

$= \dfrac{}{30}$

c) $\dfrac{3}{4} - \dfrac{5}{6} - \dfrac{3}{8} - \dfrac{2}{3} + 1 =$

$= \underline{}$

d) $\dfrac{3}{4} - \dfrac{1}{9} - \dfrac{3}{2} + \dfrac{5}{18} + 2 =$

$= \underline{}$

17 Efetuar:

a) $\dfrac{2\sqrt{3}}{3} - \dfrac{3\sqrt{2}}{2} - \dfrac{\sqrt{3}}{6} - \dfrac{\sqrt{2}}{4}$

b) $\dfrac{2}{5}\sqrt[3]{3} - \dfrac{1}{3}\sqrt{3} + \dfrac{5}{6}\sqrt[3]{3} - \dfrac{7}{15}\sqrt{3}$

c) $\dfrac{5}{4}\sqrt{12} - \dfrac{2}{9}\sqrt{18} - \dfrac{3}{20}\sqrt{75} + \dfrac{5}{42}\sqrt{98} - \dfrac{2}{3}\sqrt{27} + \dfrac{4}{9}\sqrt{162}$

d) $\dfrac{4}{15}\sqrt[6]{8} + \dfrac{3}{10}\sqrt[4]{9} - \dfrac{5}{24}\sqrt{108} - \dfrac{3}{14}\sqrt{98} - \dfrac{7}{5}\sqrt[8]{81} - \dfrac{3}{25}\sqrt{50} + \dfrac{7}{33}\sqrt{242}$

18 Simplificar as expressões:

a) $\dfrac{2}{9}\sqrt{18} - \dfrac{3}{8}\sqrt{12} + \dfrac{1}{3}\sqrt{8} - \dfrac{1}{4}\sqrt{27}$ b) $\dfrac{3}{10}\sqrt{12} - \dfrac{2}{9}\sqrt{18} + \dfrac{1}{6}\sqrt[4]{9} - \dfrac{3}{5}\sqrt[4]{4}$

c) $\dfrac{2}{3}\sqrt[4]{4} - \dfrac{1}{2}\sqrt[6]{27} - \dfrac{1}{8}\sqrt{48} - \dfrac{2}{15}\sqrt{50} + \dfrac{3}{14}\sqrt{98} - \dfrac{3}{10}\sqrt{75} - \dfrac{5}{24}\sqrt{72}$

19 Efetuar:

a) $2\sqrt[8]{4} - 3\sqrt[4]{2^5} + 2\sqrt[4]{2^9}$

b) $3\sqrt[6]{9} - 2\sqrt[3]{81} + 7\sqrt[3]{24} - 3\sqrt[9]{27}$

c) $\dfrac{1}{5}\sqrt{50} - \dfrac{3}{7}\sqrt{98} - \dfrac{5}{6}\sqrt{72}$

d) $\dfrac{5}{2}\sqrt{28} - \dfrac{3}{5}\sqrt{125} - \dfrac{5}{3}\sqrt{63} + \dfrac{5}{4}\sqrt{80}$

20 Na multiplicação de radicais, podemos multiplicar os radicandos apenas quando os índices dos radicais forem iguais. Efetuar:

a) $(2\sqrt{3})(3\sqrt{2}) =$

b) $(-2\sqrt[3]{5})(-5\sqrt[3]{9}) =$

c) $3\sqrt[4]{6} \cdot (4\sqrt[4]{3}) =$

d) $(-4\sqrt{3})(-3\sqrt{7}) =$

e) $2\sqrt[4]{8}\,(3\sqrt[4]{6})(\sqrt[4]{3}) =$

f) $(-2\sqrt[4]{6})(-3\sqrt[4]{2})(5\sqrt[4]{3}) =$

g) $\sqrt[4]{2a^3b} \cdot \sqrt[4]{8ab^3} \cdot \sqrt[4]{32a^5b^7}$

h) $\sqrt[3]{4a^2b^2} \cdot \sqrt[3]{2a^4b^4} \cdot \sqrt[3]{3a}$

i) $3\sqrt[4]{27} \cdot \sqrt[4]{3} \cdot \sqrt[4]{243}$

j) $(-2\sqrt{12})(-3\sqrt{18})(\sqrt{48})$

k) $-3\sqrt[5]{16}\,(-2\sqrt[5]{64})(5\sqrt[5]{256})$

l) $\sqrt[12]{25} \cdot \sqrt[18]{125} \cdot \sqrt[6]{3125} \cdot \sqrt[24]{625}$

21 Na divisão de radicais, podemos dividir os radicandos apenas quando os índices dos radicais forem iguais. Efetuar:

a) $(16\sqrt[3]{9}):(2\sqrt[3]{3}) =$

b) $(-12\sqrt[4]{24}):(-3\sqrt[4]{8}) =$

c) $\dfrac{-24\sqrt{6}}{8\sqrt{2}} =$

d) $\dfrac{15\sqrt[3]{49}}{3\sqrt[3]{7}} =$

e) $(6\sqrt[4]{24}):(2\sqrt[4]{6}) =$

f) $(48\sqrt[6]{54}):(3\sqrt[6]{2}) =$

22 Efetuar as multiplicações:

a) $2\sqrt{3}\,(3\sqrt{2} - 2\sqrt{5})$

b) $-3\sqrt{3}\,(2\sqrt{3} - 3\sqrt{2})$

c) $3\sqrt{6}\,(2\sqrt{3} - 3\sqrt{2})$

d) $\sqrt[3]{4}\,(2\sqrt[3]{2} - \sqrt[3]{6})$

23 Efetuar as divisões:

a) $(12\sqrt{6} - 6\sqrt{3}):(3\sqrt{3})$

b) $(\sqrt[3]{24} - \sqrt[3]{18}):\sqrt[3]{3}$

24 Simplificar as expressões:

a) $(2\sqrt{3} - 3\sqrt{2})(3\sqrt{3} - 2\sqrt{2})$

b) $(4\sqrt{3} - 3\sqrt{2})(2\sqrt{3} + 2\sqrt{2})$

c) $(3\sqrt{6} - 2\sqrt{3})(3\sqrt{2} - 4)$

d) $(2\sqrt[3]{4} - \sqrt[3]{2})(3\sqrt[3]{4} + 2\sqrt[3]{2})$

e) $(-2\sqrt{15} - 3\sqrt{3})(-3\sqrt{5} + 2)$

f) $(3\sqrt{3} - 2\sqrt{2})(3\sqrt{2} - 3\sqrt{3} - 2\sqrt{6})$

Resp: **12** a) $10\sqrt{3}, -12\sqrt[3]{5}$ b) $-6\sqrt{3}, 7\sqrt[4]{5}$ **13** a) $3\sqrt{2} - 7\sqrt{3}$ b) $8\sqrt[3]{3} - 3\sqrt{3}$ c) $6\sqrt{2} - 10\sqrt{5}$

d) $3\sqrt{6} + 2\sqrt{3} - 2\sqrt{2}$ e) $7\sqrt{3} - 4\sqrt{2} - 4$ f) $9\sqrt{3} + 11\sqrt{2} - 10$ g) $3\sqrt{2} - 5\sqrt{3}$

14 a) $2\sqrt{3} + 7\sqrt{2}$ b) $3\sqrt{3} - 18\sqrt{2}$ c) $5\sqrt{2} - 7\sqrt{3}$ d) $\sqrt[3]{3} + 4\sqrt[3]{2}$ **15** a) 24   b) 60

c) 180   **16** a) $\dfrac{17}{12}$ b) $-\dfrac{1}{10}$ c) $-\dfrac{1}{8}$ d) $\dfrac{17}{12}$ **17** a) $\dfrac{1}{4}(2\sqrt{3} - 7\sqrt{2})$

b) $\dfrac{1}{30}(37\sqrt[3]{3} - 24\sqrt{3})$ c) $\dfrac{25}{6}\sqrt{2} - \dfrac{1}{4}\sqrt{3}$ d) $\dfrac{1}{2}\sqrt{2} - \dfrac{47}{20}\sqrt{3}$

25 Simplificar as seguintes expressões:

a) $(2\sqrt{3} - 3\sqrt{2})(2\sqrt{3} + 4\sqrt{2}) - (3\sqrt{3} - 4\sqrt{2})(3\sqrt{2} - 2\sqrt{3})$

b) $3\sqrt{6}(3\sqrt{2} - 2\sqrt{3})(3\sqrt{3} - 5\sqrt{2}) - 2\sqrt{6}(2\sqrt{3} - 5\sqrt{2})(2\sqrt{3} - 4\sqrt{2})$

c) $\sqrt{3}(2\sqrt{3} - \sqrt{2})(\sqrt{6} - 2\sqrt{3} - 3\sqrt{2}) - 2\sqrt{2}(\sqrt{3} - 2\sqrt{2})(2\sqrt{6} - \sqrt{3} - 2\sqrt{2})$

26 Efetuar:

a) $\sqrt[5]{a^5} =$ | $(\sqrt[7]{a})^7 =$ | $\sqrt[4]{a^2} =$ | $(\sqrt[8]{a})^4 =$

b) $(2\sqrt{3})^2 =$ | $(2\sqrt[3]{2})^3 =$ | $(-2\sqrt{2})^4 =$ | $(-3\sqrt[3]{3})^3 =$

c) $(\sqrt{2} \cdot \sqrt[3]{2})^6 =$ | d) $(\sqrt[4]{2} \cdot \sqrt[6]{3})^{12} =$

27 Simplificar:

a) $\sqrt[3]{\sqrt[4]{2}} =$ | $\sqrt[5]{\sqrt[3]{3}} =$ | $\sqrt{\sqrt[3]{\sqrt{3}}} =$ | $\sqrt[4]{\sqrt[3]{\sqrt{5}}} =$

b) $\sqrt[4]{\sqrt[5]{2^{16}}} =$

c) $(\sqrt[3]{\sqrt[5]{2}})^{10} =$

d) $\left(\sqrt[7]{\sqrt[6]{\sqrt[4]{2^7}}}\right)^{12} =$

e) $\left(\sqrt[5]{\sqrt[4]{\sqrt[3]{2^2}}}\right)^{30} =$

f) $\left(\sqrt[5]{\dfrac{\sqrt[9]{5}}{\sqrt[6]{5}}}\right)^{30} =$

g) $\left(\sqrt[6]{\dfrac{\sqrt{3}}{\sqrt[4]{3^3}}}\right)^8 =$

28 Baseando-se no produto notável (a + b)(a − b) = a² − b², simplificar:

a) $(\sqrt{7}+\sqrt{2})(\sqrt{7}-\sqrt{2})=$

b) $(\sqrt{15}+\sqrt{7})(\sqrt{15}-\sqrt{7})=$

c) $(\sqrt{6}-\sqrt{2})(\sqrt{6}+\sqrt{2})=$

d) $(3\sqrt{5}+\sqrt{7})(3\sqrt{5}-\sqrt{7})=$

e) $(3\sqrt{2}+2\sqrt{3})(3\sqrt{2}-2\sqrt{3})=$

29 Baseando-se no produto notável (a + b)² = a² + 2ab + b², simplificar:

a) $(\sqrt{3}+\sqrt{2})^2=$

b) $(\sqrt{7}+\sqrt{5})^2=$

c) $(2\sqrt{5}+3\sqrt{2})^2=$

d) $(3\sqrt{3}+2\sqrt{2})^2=$

30 Baseando-se no produto notável (a − b)² = a² − 2ab + b², simplificar:

a) $(\sqrt{5}-\sqrt{2})^2=$

b) $(\sqrt{11}-\sqrt{3})^2=$

c) $(3\sqrt{2}-2\sqrt{3})^2=$

d) $(3\sqrt{5}-4\sqrt{2})^2=$

31 Aplicando produtos notáveis, simplificar a expressão dada
$(2\sqrt{3}+3)(2\sqrt{3}-3)-(3\sqrt{3}-2\sqrt{2})^2-2(2\sqrt{3}-3\sqrt{2})^2+2(\sqrt{7}-2)(\sqrt{7}+2)$

Resp: **18** a) $\frac{4}{3}\sqrt{2}-\frac{3}{2}\sqrt{3}$ b) $\frac{23}{30}\sqrt{3}-\frac{19}{15}\sqrt{2}$ c) $\frac{1}{4}\sqrt{2}-\frac{5}{2}\sqrt{3}$ **19** a) $4\sqrt[4]{2}$ b) $8\sqrt[3]{3}$ c) $-7\sqrt{2}$ d) $2\sqrt{5}$

20 a) $6\sqrt{6}$ b) $10\sqrt[3]{45}$ c) $12\sqrt[4]{18}$ d) $12\sqrt{21}$ e) $12\sqrt{3}$ f) $30\sqrt{6}$ g) $4a^2b^2\sqrt[4]{2ab^3}$ h) $2a^2b^2\sqrt[3]{3a}$

i) $27\sqrt[4]{3}$ j) $432\sqrt{2}$ k) $240\sqrt[5]{8}$ l) $5\sqrt[3]{5}$ **21** a) $8\sqrt[3]{3}$ b) $4\sqrt[4]{3}$ c) $-3\sqrt{3}$ d) $5\sqrt[3]{7}$

e) $3\sqrt{2}$ f) $16\sqrt{3}$ **22** a) $6\sqrt{6}-4\sqrt{15}$ b) $-18+9\sqrt{6}$ c) $18\sqrt{2}-18\sqrt{3}$ d) $4-2\sqrt[3]{3}$

23 a) $4\sqrt{2}-2$ b) $2-\sqrt[3]{6}$ **24** a) $30-13\sqrt{6}$ b) $2\sqrt{6}+12$ c) $26\sqrt{3}-18\sqrt{6}$

d) $2-2\sqrt[3]{4}+12\sqrt[3]{2}$ e) $24\sqrt{3}+5\sqrt{15}$ f) $15\sqrt{6}+8\sqrt{3}-18\sqrt{2}-39$

13

32 Simplificar as expressões:

a) $\sqrt{2}(\sqrt{6}-\sqrt{3})^2 - 3\sqrt{3}(\sqrt{6}-\sqrt{2})^2 - 3\sqrt{2}(2\sqrt{2}+\sqrt{5})(2\sqrt{2}-\sqrt{5}) - 4\sqrt{3}(\sqrt{3}-3)$

b) $\sqrt{3}(2\sqrt{3}+\sqrt{6})^2 - 3\sqrt{3}(3\sqrt{3}-5)(3\sqrt{3}+5) - 2\sqrt{2}(\sqrt{6}-3\sqrt{2})^2 - 12\sqrt{2}(3\sqrt{3}-2)$

c) $3\sqrt{2}(3\sqrt{2}+2)^2 - \sqrt{3}(3\sqrt{3}-1)^2 - 2\sqrt{3}(2\sqrt{3}+3\sqrt{2})^2 - 2(2\sqrt{7}+5)(2\sqrt{7}-5)$

33 Reduzir os radicais ao mesmo índice, sendo este o menor múltiplo comum, nos casos:

a) $\sqrt[4]{a^3}, \sqrt[3]{a^2}, \sqrt{a}$
$\sqrt[12]{\quad}, \sqrt[12]{\quad}, \sqrt[12]{\quad}$

b) $\sqrt[6]{a^2b^3}, \sqrt[4]{a^3b}, \sqrt[8]{ab^4}$
$\sqrt{\quad}, \sqrt{\quad}, \sqrt{\quad}$

c) $\sqrt[3]{2a^2}, \sqrt[5]{3a^2b}, \sqrt[6]{ab^3}$

d) $\sqrt{xy}, \sqrt[3]{xy^2}, \sqrt[5]{2x^3y^2}$

e) $2\sqrt[4]{a^3b}, 3\sqrt[3]{ab^2}, 7\sqrt{ab}$

f) $\sqrt[4]{4a^2}, \sqrt[6]{9a^4b^2}, \sqrt[8]{25a^6b^4}$

34 Completar com > (maior) ou < (menor), de modo que a sentença obtida fique verdadeira.

a) $\sqrt[3]{4}$ ____ $\sqrt[4]{6}$

b) $\sqrt{5}$ ____ $\sqrt[3]{11}$

c) $\sqrt[6]{2^5}$ ____ $\sqrt[8]{2^7}$

d) $\sqrt[12]{5^{11}}$ ____ $\sqrt[18]{5^{17}}$

35 Na multiplicação (ou divisão) de radicais podemos multiplicar (ou dividir) os radicandos apenas quando os radicais tiverem os mesmos índices. Efetuar:

a) $\sqrt[4]{2^3} \cdot \sqrt[3]{2^2} =$
$= \sqrt[12]{}$

b) $\sqrt[6]{3^5} \cdot \sqrt{3}$

c) $\sqrt{ab} \cdot \sqrt[3]{a^2b^2} \cdot \sqrt[4]{a^3b}$

d) $\sqrt[6]{2^5} : \sqrt[4]{2^3}$

e) $\sqrt{ab} : \sqrt[5]{a^2}$

f) $\sqrt[3]{a^2b^2} : \sqrt[4]{ab}$

g) $\sqrt{ab} \cdot \sqrt[3]{ab^2} \cdot \sqrt[4]{a^3b} \cdot \sqrt[6]{a^5b} \cdot \sqrt[12]{a^7b^{11}}$

h) $2\sqrt[3]{a^2b} \cdot (-3\sqrt{ab})(-2\sqrt[4]{a^3b^2})(-5\sqrt[6]{a^5})(-2\sqrt[12]{b^5})$

i) $(\sqrt[4]{4} \cdot \sqrt[6]{25} \cdot \sqrt[8]{225} \cdot \sqrt[12]{900}) : (\sqrt[3]{180} : \sqrt[4]{6})$

Resp: **25** a) $30 - 15\sqrt{6}$ b) $558 - 248\sqrt{6}$ c) $22\sqrt{6} - 6\sqrt{3} - 22\sqrt{2} - 30$ **26** a) $a, a, \sqrt{a}, \sqrt{a}$ b) $12, 16, 64, -81$
c) 32   d) 72   **27** a) $\sqrt[12]{2}, \sqrt[15]{3}, \sqrt[12]{3}, \sqrt[24]{5}$ b) $\sqrt[5]{16}$ c) $\sqrt[3]{4}$ d) $\sqrt{2}$ e) 2   f) $\frac{\sqrt[3]{25}}{5}$ g) $\frac{\sqrt[3]{9}}{3}$
28 a) 5   b) 8   c) 4   d) 38   e) 6   **29** a) $2\sqrt{6} + 5$ b) $2\sqrt{35} + 12$ c) $12\sqrt{10} + 38$
d) $12\sqrt{6} + 35$ **30** a) $7 - 2\sqrt{10}$ b) $14 - 2\sqrt{33}$ c) $30 - 12\sqrt{6}$ d) $77 - 24\sqrt{10}$ **31** $36\sqrt{6} - 86$

36 Efetuar as seguintes multiplicações:

a) $\sqrt[5]{a^2} \cdot \sqrt[5]{a^3} =$

b) $\sqrt[3]{2} \cdot \sqrt[3]{2^2} =$

$\sqrt[7]{a^3} \cdot \sqrt[7]{a^4} =$

$\sqrt[6]{2^5} \cdot \sqrt[6]{2} =$

$\sqrt{5} \cdot \sqrt{5}$

$\sqrt[4]{a^3 b} \cdot \sqrt[4]{ab^3} =$

c) $(\sqrt{7} + \sqrt{2})(\sqrt{7} - \sqrt{2}) =$

d) $(3\sqrt{5} - 2\sqrt{10})(3\sqrt{5} + 2\sqrt{10}) =$

e) $\dfrac{3\sqrt{2}}{2\sqrt{3}} \cdot \dfrac{\sqrt{5}}{\sqrt{3}} =$

f) $\dfrac{5\sqrt{3}}{3\sqrt{5}} \cdot \dfrac{\sqrt{5}}{\sqrt{5}} =$

g) $\dfrac{3\sqrt[5]{2}}{\sqrt[5]{2^2}} \cdot \dfrac{\sqrt[5]{2^3}}{\sqrt[5]{2^3}} =$

h) $\dfrac{2\sqrt[4]{3}}{\sqrt[4]{2}} \cdot \dfrac{\sqrt[4]{2^3}}{\sqrt[4]{2^3}} =$

i) $\dfrac{\sqrt{2}}{\sqrt{5} + \sqrt{3}} \cdot \dfrac{3\sqrt{6}}{\sqrt{5} - \sqrt{3}} =$

j) $\dfrac{2\sqrt{3}}{\sqrt{13} - 2} \cdot \dfrac{3\sqrt{6}}{\sqrt{13} + 2} =$

k) $\dfrac{\sqrt{6}}{3\sqrt{2} + 2\sqrt{3}} \cdot \dfrac{3\sqrt{2} - 2\sqrt{3}}{3\sqrt{2} - 2\sqrt{3}} =$

l) $\dfrac{\sqrt{5} + \sqrt{3}}{\sqrt{7} - \sqrt{6}} \cdot \dfrac{\sqrt{5} - \sqrt{3}}{\sqrt{7} + \sqrt{6}} =$

m) $\dfrac{3 - \sqrt{5}}{\sqrt{3\sqrt{3} + \sqrt{2}}} \cdot \dfrac{3 + \sqrt{5}}{\sqrt{3\sqrt{3} - \sqrt{2}}} =$

n) $\sqrt{3\sqrt{2} - 2\sqrt{3}} \cdot \sqrt{3\sqrt{2} + 2\sqrt{3}} \cdot \sqrt{6} =$

o) $\dfrac{\sqrt{2\sqrt{6} + 3\sqrt{2}}}{\sqrt{3\sqrt{5} - 5}} \cdot \dfrac{\sqrt{2\sqrt{6} - 3\sqrt{2}}}{\sqrt{3\sqrt{5} + 5}} \cdot \dfrac{5\sqrt{2}}{\sqrt{5}} =$

p) $\sqrt{3} \cdot \sqrt{3 + \sqrt{6}} \cdot \sqrt{3 - \sqrt{6 + \sqrt{6}}} \cdot \sqrt{3 + \sqrt{6 + \sqrt{6}}} =$

37 Simplificar as seguintes expressões:

a) $(\sqrt[4]{7} + \sqrt[4]{3})(\sqrt[4]{7} - \sqrt[4]{3})(\sqrt{7} + \sqrt{3}) - (2\sqrt{3} - \sqrt{2})^2(7 + 2\sqrt{6}) =$

b) $(\sqrt[3]{5} + \sqrt[3]{3})(\sqrt[3]{25} - \sqrt[3]{15} + \sqrt[3]{9}) + (2\sqrt[6]{3} - 1)(4\sqrt[3]{3} + 2\sqrt[6]{3} + 1)(8\sqrt{3} + 1) =$

c) $(\sqrt[4]{5} - \sqrt[4]{2})(\sqrt{5} + \sqrt[4]{10} + \sqrt{2})(\sqrt[4]{5} + \sqrt[4]{2})(\sqrt{5} - \sqrt[4]{10} + \sqrt{2})(5\sqrt{5} + 2\sqrt{2}) =$

d) $\left[\dfrac{\sqrt[6]{3} - \sqrt[6]{6}}{\sqrt[4]{10} - \sqrt[4]{6}} \cdot \dfrac{\sqrt[6]{3} + \sqrt[6]{2}}{\sqrt[4]{10} + \sqrt[4]{2}} \right] : \dfrac{\sqrt{10} + \sqrt{6}}{\sqrt[3]{9} + \sqrt[3]{18} + \sqrt[3]{2}} =$

e) $\sqrt{141} \cdot \sqrt{12 + \sqrt{3}} \cdot \sqrt{2\sqrt{3} + \sqrt[4]{3}} \cdot \sqrt{2\sqrt[4]{3} - \sqrt{2\sqrt{3} + \sqrt[4]{3}}} \cdot \sqrt{2\sqrt[4]{3} + \sqrt{2\sqrt{3} + \sqrt[4]{3}}}$

Resp: **32** a) $12 - 12\sqrt{3}$ b) $12\sqrt{3} - 24\sqrt{2}$ c) $84 - 6\sqrt{2} - 88\sqrt{3}$ **33** a) $\sqrt[12]{a^9}, \sqrt[12]{a^8}, \sqrt[12]{a^6}$

b) $\sqrt[24]{a^8 b^{12}}, \sqrt[24]{a^{18} b^6}, \sqrt[24]{a^3 b^{12}}$ c) $\sqrt[30]{2^{10} a^{20}}, \sqrt[30]{3^6 a^{12} b^6}, \sqrt[30]{a^5 b^{15}}$ d) $\sqrt[30]{x^{15} y^{15}}, \sqrt[30]{x^{10} y^{10}}, \sqrt[30]{2^6 \cdot x^{18} \cdot y^{12}}$

e) $2^{12}\sqrt{a^9 b^3}, 3^{12}\sqrt{a^4 b^8}, 7^{12}\sqrt{a^6 b^6}$ f) $\sqrt[12]{2^6 a^6}, \sqrt[12]{3^4 a^8 b^4}, \sqrt[12]{5^3 a^9 b^6}$ **34** a) >   b) >   c) <   d) <

35 a) $2^{12}\sqrt{32}$ b) $3\sqrt[3]{3}$ c) $ab\sqrt[12]{a^{11} b^5}$ d) $\sqrt[12]{2}$ e) $\sqrt[10]{ab^5}$ f) $\sqrt[12]{a^5 b^5}$ g) $a^3 b^2 \sqrt{b}$

h) $120 a^2 b^4 \sqrt{a^3 b^3}$ i) $\sqrt[12]{2^3 \cdot 5^5}$

5 — Racionalização de denominadores

Multiplicamos o numerador e o denominador da fração dada por um número convenientemente escolhido de modo que o produto no denominador obtido resulte em um número racional.

Vejamos apenas alguns casos:

Exemplos:

1) $\dfrac{3}{\sqrt{5}} = \dfrac{3}{\sqrt{5}} \cdot \dfrac{\sqrt{5}}{\sqrt{5}} = \dfrac{3\sqrt{5}}{\sqrt{25}} = \dfrac{3\sqrt{5}}{5}$, $\quad \dfrac{8}{3\sqrt{2}} = \dfrac{8}{3\sqrt{2}} \cdot \dfrac{\sqrt{2}}{\sqrt{2}} = \dfrac{8\sqrt{2}}{3\cdot 2} = \dfrac{4\sqrt{2}}{3}$

2) $\dfrac{15}{\sqrt{12}} = \dfrac{15}{\sqrt{4\cdot 3}} = \dfrac{15}{2\sqrt{3}} = \dfrac{15}{2\sqrt{3}} \cdot \dfrac{\sqrt{3}}{\sqrt{3}} = \dfrac{15\sqrt{3}}{2\cdot 3} = \dfrac{5\sqrt{3}}{2}$

3) $\dfrac{12\sqrt{10}}{7\sqrt{15}} = \dfrac{12\sqrt{10}:\sqrt{5}}{7\sqrt{15}:\sqrt{5}} = \dfrac{12\sqrt{2}}{7\sqrt{3}} = \dfrac{12\sqrt{2}}{7\sqrt{3}} \cdot \dfrac{\sqrt{3}}{\sqrt{3}} = \dfrac{12\sqrt{6}}{7\cdot 3} = \dfrac{4\sqrt{6}}{7}$

4) $\dfrac{2}{\sqrt[3]{6}} = \dfrac{2}{\sqrt[3]{6}} \cdot \dfrac{\sqrt[3]{6^2}}{\sqrt[3]{6^2}} = \dfrac{2\sqrt[3]{6^2}}{\sqrt[3]{6^3}} = \dfrac{2\sqrt[3]{36}}{6} = \dfrac{\sqrt[3]{36}}{3}$

5) $\dfrac{3}{\sqrt[4]{72}} = \dfrac{3}{\sqrt[4]{2^3\cdot 3^2}} = \dfrac{3}{\sqrt[4]{2^3\cdot 3^2}} \cdot \dfrac{\sqrt[4]{2\cdot 3^2}}{\sqrt[4]{2\cdot 3^2}} = \dfrac{3\sqrt[4]{18}}{\sqrt[4]{2^4\cdot 3^4}} = \dfrac{3\sqrt[4]{18}}{2\cdot 3} = \dfrac{\sqrt[4]{18}}{2}$

Lembre-se de que $(a+b)(a-b) = a^2 - b^2$ e $(\sqrt{5}+\sqrt{2})(\sqrt{5}-\sqrt{2}) = (\sqrt{5})^2 - (\sqrt{2})^2 = 5 - 2 = 3$

6) $\dfrac{5}{\sqrt{5}-\sqrt{3}} = \dfrac{5}{(\sqrt{5}-\sqrt{3})} \cdot \dfrac{(\sqrt{5}+\sqrt{3})}{(\sqrt{5}+\sqrt{3})} = \dfrac{5(\sqrt{5}+\sqrt{3})}{(\sqrt{5})^2-(\sqrt{3})^2} = \dfrac{5(\sqrt{5}+\sqrt{3})}{5-3} = \dfrac{5(\sqrt{5}+\sqrt{3})}{2}$

7) $\dfrac{6\sqrt{2}}{2\sqrt{5}+\sqrt{2}} = \dfrac{6\sqrt{2}}{(2\sqrt{5}+\sqrt{2})} \cdot \dfrac{(2\sqrt{5}-\sqrt{2})}{(2\sqrt{5}-\sqrt{2})} = \dfrac{6(2\sqrt{10}-6\cdot 2)}{4\cdot 5 - 2} = \dfrac{6(2\sqrt{10}-12)}{18} = \dfrac{2\sqrt{10}-12}{3}$

8) $\dfrac{3\sqrt{6}}{\sqrt{15}-\sqrt{3}} = \dfrac{(3\sqrt{6}):\sqrt{3}}{(\sqrt{15}-\sqrt{3}):\sqrt{3}} = \dfrac{3\sqrt{2}}{\sqrt{5}-1} = \dfrac{3\sqrt{2}}{(\sqrt{5}-1)} \cdot \dfrac{(\sqrt{5}+1)}{(\sqrt{5}+1)} = \dfrac{3(\sqrt{10}+\sqrt{2})}{4}$

38 Completar a racionalização do denominador, nos casos:

a) $\dfrac{3}{\sqrt{6}} = \dfrac{3}{\sqrt{6}} \cdot \dfrac{\sqrt{6}}{\sqrt{6}} =$

b) $\dfrac{2\sqrt{3}}{3\sqrt{2}} = \dfrac{2\sqrt{3}}{3\sqrt{2}} \cdot \dfrac{\sqrt{2}}{\sqrt{2}} =$

c) $\dfrac{2\sqrt{13}}{3\sqrt{26}} = \dfrac{2}{3\sqrt{2}} = \dfrac{2}{3\sqrt{2}} \cdot \dfrac{\sqrt{2}}{\sqrt{2}} =$

d) $\dfrac{5\sqrt{7}}{3\sqrt{35}} = \dfrac{5}{3\sqrt{5}} = \dfrac{5}{3\sqrt{5}} \cdot \dfrac{\sqrt{5}}{\sqrt{5}} =$

e) $\dfrac{14}{35\sqrt{147}} = \dfrac{2}{7\sqrt{3\cdot 49}} = \dfrac{2}{7\cdot 7\sqrt{3}} = \dfrac{2}{49\sqrt{3}} \cdot \dfrac{\sqrt{3}}{\sqrt{3}} =$

f) $\dfrac{3\sqrt[7]{2}}{5\sqrt[7]{18}} = \dfrac{3}{5\sqrt[7]{9}} = \dfrac{3}{5\sqrt[7]{3^2}} \cdot \dfrac{\sqrt[7]{3^5}}{\sqrt[7]{3^5}} =$

g) $\dfrac{6}{2\sqrt[3]{144}} = \dfrac{3}{\sqrt[3]{2^4\cdot 3^2}} = \dfrac{3}{2\sqrt[3]{2\cdot 3^2}} \cdot \dfrac{\sqrt[3]{2^2\cdot 3}}{\sqrt[3]{2^2\cdot 3}} =$

39 Racionalizar o denominador da fração nos casos:

a) $\dfrac{3}{\sqrt{2}} = \dfrac{3}{\sqrt{2}} \cdot \underline{\qquad} =$

b) $\dfrac{4}{3\sqrt{2}} = \dfrac{4}{3\sqrt{2}} \cdot \underline{\qquad} =$

c) $\dfrac{10}{3\sqrt{5}}$

d) $\dfrac{14}{5\sqrt{7}}$

e) $\dfrac{2\sqrt{3}}{3\sqrt{2}}$

f) $\dfrac{5}{\sqrt{5}}$

g) $\dfrac{3}{\sqrt{3}}$

h) $\dfrac{6}{\sqrt{6}}$

40 Racionalizar o denominador, nos casos:

a) $\dfrac{5}{\sqrt{12}} = \dfrac{5}{2\sqrt{3}} \cdot \underline{\qquad} =$

b) $\dfrac{4}{\sqrt{18}} = \underline{\qquad} \cdot \underline{\qquad} =$

c) $\dfrac{10}{\sqrt{24}} =$

d) $\dfrac{6\sqrt{2}}{\sqrt{27}} =$

e) $\dfrac{15\sqrt{3}}{2\sqrt{40}} =$

f) $\dfrac{5\sqrt{2}}{3\sqrt{75}} =$

41 Racionalizar o denominador, nos casos:

a) $\dfrac{3}{\sqrt[7]{2^4}}$

b) $\dfrac{5}{\sqrt[5]{5^3}}$

c) $\dfrac{2\sqrt[5]{9}}{\sqrt[5]{2^2}}$

d) $\dfrac{3}{2\sqrt[4]{8}}$

e) $\dfrac{5}{3\sqrt[5]{125}}$

f) $\dfrac{8}{3\sqrt[5]{2^7}}$

g) $\dfrac{25}{3\sqrt[7]{125}}$

h) $\dfrac{10}{3\sqrt[7]{256}}$

i) $\dfrac{2\sqrt[3]{3}}{5\sqrt[12]{2^8}}$

j) $\dfrac{50}{3\sqrt[9]{5^{15}}}$

k) $\dfrac{8}{5\sqrt[3]{\sqrt[4]{128}}}$

l) $\dfrac{15}{2\sqrt[3]{\sqrt[5]{27}}}$

Resp: **36** a) a, a, 5 b) 2, 2, ab c) 5 d) 9 e) $\dfrac{\sqrt{10}}{2}$ f) $\dfrac{\sqrt{15}}{3}$ g) $\dfrac{3\sqrt[5]{16}}{2}$ h) $\sqrt[4]{24}$ i) $3\sqrt{3}$ j) $2\sqrt{2}$ k) $\sqrt{3} - \sqrt{2}$ l) 2 m) $\dfrac{4}{5}$ n) 6 o) $\sqrt{3}$ p) 3 **37** a) −46 b) 199 c) 117 d) $\dfrac{1}{4}$ e) 141

42 Racionalizar o denominador da fração nos casos:

a) $\dfrac{5}{\sqrt{7}+\sqrt{2}}$

b) $\dfrac{15}{\sqrt{23}+3\sqrt{2}}$

c) $\dfrac{30}{3\sqrt{2}-2\sqrt{3}}$

d) $\dfrac{45}{4\sqrt{3}+3\sqrt{2}}$

e) $\dfrac{5\sqrt{3}}{2\sqrt{6}-3}$

f) $\dfrac{5\sqrt{10}}{5\sqrt{2}+3\sqrt{5}}$

g) $\dfrac{2\sqrt{2}-3\sqrt{3}}{3\sqrt{2}+2\sqrt{3}}$

h) $\dfrac{3\sqrt{3}-2}{3\sqrt{3}-4}$

i) $\dfrac{3\sqrt{2}+\sqrt{3}}{3\sqrt{2}-\sqrt{3}}$

j) $\dfrac{-7\sqrt{3}}{2\sqrt{3}-3\sqrt{6}} = \dfrac{7\sqrt{3}}{3\sqrt{6}-2\sqrt{3}} = \dfrac{7}{3\sqrt{2}-2}$

k) $\dfrac{5\sqrt{15}}{5\sqrt{3}+3\sqrt{5}}$

l) $\dfrac{38\sqrt{6}}{5\sqrt{3}-3\sqrt{2}}$

m) $\dfrac{-4\sqrt{2}-3\sqrt{3}}{3\sqrt{3}-4\sqrt{2}}$

n) $\dfrac{3\sqrt{6}-4\sqrt{2}}{3\sqrt{6}+4\sqrt{2}}$

o) $\dfrac{3\sqrt{60}-\sqrt{160}}{3\sqrt{15}+\sqrt{40}}$

43 Simplificar a expressão nos casos:

a) $\dfrac{\sqrt{3\sqrt{2}+\sqrt{3}}}{\sqrt{3\sqrt{2}-\sqrt{3}}} =$

b) $\dfrac{(\sqrt{3\sqrt{2}+2\sqrt{3}}+2\sqrt[4]{3})(\sqrt{3\sqrt{2}+2\sqrt{3}}-2\sqrt[4]{3})}{3\sqrt{2}+2\sqrt{3}}$

c) $\dfrac{\sqrt{3}-\sqrt{2}}{\sqrt{3}+\sqrt{2}} - \dfrac{2\sqrt{3}-3}{2\sqrt{3}+3} - \dfrac{\sqrt{3}+\sqrt{2}}{\sqrt{3}-\sqrt{2}} + \dfrac{2\sqrt{3}+3}{2\sqrt{3}-3}$

d) $\dfrac{2\sqrt{3}-3\sqrt{2}}{3\sqrt{2}+\sqrt{6}} - \dfrac{3\sqrt{2}-4\sqrt{3}}{3\sqrt{2}-\sqrt{6}}$

e) $[\sqrt{4+2\sqrt{2}} \cdot \sqrt{2-\sqrt{2}}] : (\sqrt{3+\sqrt{5}} - \sqrt{3-\sqrt{5}})^2$

Resp: **38** a) $\dfrac{\sqrt{6}}{2}$ b) $\dfrac{\sqrt{6}}{3}$ c) $\dfrac{\sqrt{2}}{3}$ d) $\dfrac{\sqrt{5}}{3}$ e) $\dfrac{2\sqrt{3}}{147}$ f) $\dfrac{\sqrt[7]{243}}{5}$ g) $\dfrac{\sqrt[3]{12}}{4}$

39 a) $\dfrac{3\sqrt{2}}{2}$ b) $\dfrac{2\sqrt{2}}{3}$ c) $\dfrac{2\sqrt{5}}{3}$ d) $\dfrac{2\sqrt{7}}{5}$ e) $\dfrac{\sqrt{6}}{3}$ f) $\sqrt{5}$ g) $\sqrt{3}$ h) $\sqrt{6}$

40 a) $\dfrac{5\sqrt{3}}{6}$ b) $\dfrac{2\sqrt{2}}{3}$ c) $\dfrac{5\sqrt{6}}{6}$ d) $\dfrac{2\sqrt{6}}{3}$ e) $\dfrac{3\sqrt{30}}{8}$ f) $\dfrac{\sqrt{6}}{9}$ **41** a) $\dfrac{3\sqrt[7]{8}}{2}$

b) $\sqrt[5]{25}$ c) $\sqrt[5]{72}$ d) $\dfrac{3\sqrt[4]{2}}{4}$ e) $\dfrac{\sqrt[5]{25}}{3}$ f) $\dfrac{2\sqrt[5]{8}}{3}$ g) $\dfrac{5\sqrt[7]{625}}{3}$ h) $\dfrac{5\sqrt[7]{64}}{6}$

i) $\dfrac{\sqrt[3]{6}}{5}$ j) $\dfrac{2\sqrt[3]{5}}{3}$ k) $\dfrac{4\sqrt[12]{32}}{5}$ l) $\dfrac{5\sqrt[5]{81}}{2}$

6 – Potência de expoente racional Fracionário

Sabemos que se **a** e **b** são números reais positivos e n é um número natural não nulo, então:
$$a^n = b^n \Rightarrow a = b$$

Sabemos também que $(\sqrt[n]{a})^n = \sqrt[n]{a^n} = a$.

Seja $\dfrac{m}{n}$ um número racional fracionário (fração não aparente) positivo. Vamos dar significado para $a^{\frac{m}{n}}$, com a positivo, e satisfazendo a propriedade $(a^{\frac{m}{n}})^p = a^{p \cdot \frac{m}{n}}$.

Note que para p = n, obtemos $(a^{\frac{m}{n}})^n = a^{n \cdot \frac{m}{n}} = a^m$

Note também que $(\sqrt[n]{a^m})^n = \sqrt[n]{a^{n \cdot m}} = \sqrt[n]{(a^m)^n} = a^m$. Então:

$$(a^{\frac{m}{n}})^n = (\sqrt[n]{a^m})^n \Rightarrow \boxed{a^{\frac{m}{n}} = \sqrt[n]{a^m}}$$

Exemplos:

1) $5^{\frac{2}{7}} = \sqrt[7]{5^2}$; $6^{\frac{2}{3}} = \sqrt[3]{6^2}$; $(\sqrt{5})^{\frac{2}{5}} = \sqrt[5]{(\sqrt{5})^2} = \sqrt[5]{5}$

2) $3^{\frac{1}{2}} = \sqrt[2]{3^1} = \sqrt{3}$; $5^{\frac{1}{3}} = \sqrt[3]{5}$; $\sqrt[3]{2} = \sqrt[3]{2^1} = 2^{\frac{1}{3}}$

3) $\sqrt[3]{7^2} \cdot \sqrt[4]{7^3} \cdot \sqrt[6]{7} = 7^{\frac{2}{3}} \cdot 7^{\frac{3}{4}} \cdot 7^{\frac{1}{6}} = 7^{\frac{2}{3}+\frac{3}{4}+\frac{1}{6}} = 7^{\frac{8+9+2}{12}} = 7^{\frac{19}{12}} = 7^{1+\frac{7}{12}} = 7^1 \cdot 7^{\frac{7}{12}} = 7 \cdot \sqrt[12]{7^7}$;

$5^{0,6} = 5^{\frac{6}{10}} = 5^{\frac{3}{5}} = \sqrt[5]{5^3} = \sqrt[5]{125}$

---

44 Escrever usando radicais as seguintes potências:

a) $6^{\frac{2}{3}} =$

b) $5^{\frac{2}{7}} =$

c) $2^{\frac{7}{5}} =$

d) $7^{\frac{8}{12}} =$

e) $3^{0,8} =$

f) $6^{0,75} =$

45 Escrever usando potência de expoente fracionário, o número irracional, nos casos:

a) $\sqrt[4]{2^3} =$

b) $\sqrt[3]{5} =$

c) $\sqrt[7]{4} =$

d) $\sqrt[10]{64} =$

e) $\sqrt[8]{81} =$

46 Transformar em irracionais na forma de radical.

a) $5^{\frac{1}{2}} =$

b) $3^{\frac{1}{5}} =$

c) $6^{\frac{5}{10}} =$

d) $2^{\frac{1}{2}} =$

e) $3^{\frac{1}{2}} =$

f) $5^{\frac{1}{2}} =$

47 Transformar em número irracional na forma de expoente fracionário.

a) $\sqrt[5]{9} =$

b) $\sqrt[8]{16} =$

c) $\sqrt[7]{5} =$

d) $\sqrt[3]{25} =$

e) $\sqrt{15} =$

f) $\sqrt[3]{23} =$

48 Transformar em potência de expoente fracionário, simplificar e dar resposta na forma de radical.

a) $\sqrt[3]{2\sqrt{2}} =$

b) $\sqrt[3]{2} \cdot \sqrt{2} \cdot \sqrt[4]{2} =$

c) $\sqrt[4]{\sqrt[3]{4} \cdot \sqrt[4]{8}} =$

d) $\sqrt[10]{8} : \sqrt[15]{16} =$

49 Racionalizar o denominador das frações, nos casos:

a) $6 \cdot 3^{-\frac{3}{5}} =$

b) $\dfrac{3 \cdot 5^{\frac{1}{2}}}{10^{\frac{1}{2}} - 7^{\frac{1}{2}}} =$

Resp: **42** a) $\sqrt{7} - \sqrt{2}$ b) $3(\sqrt{23} - 3\sqrt{2})$ c) $5(3\sqrt{2} + 2\sqrt{3})$ d) $\dfrac{3}{2}(4\sqrt{3} - 3\sqrt{2})$ e) $2\sqrt{2} + \sqrt{3}$

f) $10\sqrt{5} - 15\sqrt{2}$ g) $\dfrac{1}{6}(30 - 13\sqrt{6})$ h) $\dfrac{1}{11}(6\sqrt{3} + 19)$ i) $\dfrac{2\sqrt{6} + 7}{5}$ j) $\dfrac{3\sqrt{2} + 2}{2}$

k) $\dfrac{5}{2}(\sqrt{5} - \sqrt{3})$ l) $2(5\sqrt{2} + 2\sqrt{3})$ m) $\dfrac{24\sqrt{6} + 59}{5}$ n) $\dfrac{43 - 24\sqrt{3}}{11}$ o) $\dfrac{70 - 24\sqrt{6}}{19}$

43 a) $\dfrac{\sqrt{30} + \sqrt{5}}{3}$ b) $5 - 2\sqrt{6}$ c) $8\sqrt{3} - 4\sqrt{6}$ d) $18\sqrt{6} + 6\sqrt{2} - 36$ e) 1

50 Simplificar as seguintes expressões:

a) $-2\sqrt{18} + 3\sqrt{50} - 5\sqrt{8} + 2\sqrt{32} - 3\sqrt{128}$

b) $2\sqrt{12} - 5\sqrt{27} - 3\sqrt{243} + 4\sqrt{75} - 2\sqrt{48}$

c) $5\sqrt{12} - 3\sqrt{18} + 5\sqrt{8} - 3\sqrt{27} + 2\sqrt{147}$

d) $7\sqrt[4]{4} - 2\sqrt[4]{9} - 5\sqrt{72} + 5\sqrt{27} - 4\sqrt{98}$

51 Simplificar as expressões:

a) $2(2\sqrt{3} - 3\sqrt{2})(\sqrt{3} - \sqrt{2}) - (2\sqrt{3} - 1)^2 - (3\sqrt{2} + 2)^2 - 2(3\sqrt{2} - \sqrt{3})^2 + 6(2\sqrt{2} + 11)$

b) $(12\sqrt{6} - 6\sqrt{3}) : (-3\sqrt{3}) - (15\sqrt{6} - 10\sqrt{2}) : (-5\sqrt{2}) + 2(2\sqrt{3} + 1)^2 + 2(2\sqrt{2} - 13)$

c) $2\sqrt{2}\,(2\sqrt{6} - \sqrt{3})(\sqrt{6} - 4\sqrt{2}) - (\sqrt{6} - 2\sqrt{3} - 3\sqrt{2})(2\sqrt{3} - 3\sqrt{2}) - 18(\sqrt{2} - 1)$

52 Simplificar:

a) $\left(\sqrt[7]{\sqrt[3]{\sqrt{243}}}\right)^{14}$

b) $\left(\sqrt[5]{\sqrt[3]{\sqrt[4]{27}}}\right)^{20}$

c) $\left(\sqrt[3]{\sqrt[2]{\sqrt[6]{625}}}\right)^6$

53 Simplificar:

a) $\sqrt[3]{54\sqrt{2}}$

b) $\sqrt[3]{250\sqrt{2}}$

c) $\sqrt[3]{96\sqrt[3]{9}}$

d) $\sqrt[3]{384\sqrt[5]{9}}$

54 Simplificar:

a) $\sqrt{5\sqrt{2} + \sqrt{22}}\ \sqrt{5\sqrt{2} - \sqrt{22}}$

b) $\sqrt{11}\cdot\sqrt{4\sqrt{5} + \sqrt{3}}\ \sqrt{2\sqrt[4]{5} - \sqrt[4]{3}}\ \sqrt{2\sqrt[4]{5} + \sqrt[4]{3}}$

c) $\sqrt{6 + 3\sqrt{2}}\ \sqrt{\sqrt{2} + \sqrt[4]{2}}\cdot\sqrt{2\sqrt[4]{2} + \sqrt{3\sqrt{2} + \sqrt[4]{2}}}\ \sqrt{2\sqrt[4]{2} - \sqrt{3\sqrt{2} + \sqrt[4]{2}}}$

55 Simplificar:

a) $(\sqrt{5} + \sqrt{3} - \sqrt{2})(\sqrt{5} + \sqrt{3} + \sqrt{2})$

b) $(3\sqrt{2} - 2\sqrt{3} - \sqrt{6})(3\sqrt{2} + 2\sqrt{3} + \sqrt{6})$

56 Simplificar:

a) $\dfrac{3\sqrt{2} - 2}{3\sqrt{2} + 2}$

b) $\dfrac{\sqrt{3} + \sqrt{2}}{3\sqrt{3} - 2\sqrt{2}}$

c) $\dfrac{68\sqrt{2} + 17\sqrt{3}}{51\sqrt{3} - 34\sqrt{2}}$

d) $\dfrac{19\sqrt{5} - 38\sqrt{3}}{57\sqrt{5} + 38\sqrt{3}}$

e) $\dfrac{2\sqrt{35} - 3\sqrt{7}}{\sqrt{35} - \sqrt{7}}$

f) $\dfrac{3\sqrt{10} + 2\sqrt{15}}{\sqrt{15} + \sqrt{10}}$

g) $\dfrac{3\sqrt{18} - 2\sqrt{12}}{\sqrt{27} - \sqrt{8}}$

h) $\dfrac{\sqrt{15} - \sqrt{6}}{\sqrt{15} + 2\sqrt{6}}$

i) $\dfrac{\sqrt{3} - \sqrt{2}}{\sqrt{3} + \sqrt{2} - \sqrt{6}}$

j) $\dfrac{1 - \sqrt{2}}{\sqrt{5} - \sqrt{2} - 1}$

Resp: **44** a) $\sqrt[3]{36}$ b) $\sqrt[7]{25}$ c) $2\sqrt[5]{4}$ d) $\sqrt[3]{49}$ e) $\sqrt[5]{81}$ f) $\sqrt[4]{216}$ **45** a) $2^{\frac{3}{4}}$ b) $5^{\frac{1}{3}}$ c) $2^{\frac{2}{7}}$ d) $2^{\frac{3}{5}}$ e) $3^{\frac{1}{2}}$

46 a) $\sqrt{5}$ b) $\sqrt[5]{3}$ c) $\sqrt{6}$ d) $\sqrt{2}$ e) $\sqrt{3}$ f) $\sqrt{5}$ **47** a) $3^{\frac{2}{5}}$ b) $2^{\frac{1}{2}}$ c) $5^{\frac{1}{7}}$ d) $5^{\frac{2}{3}}$ e) $15^{\frac{1}{2}}$ f) $23^{\frac{1}{3}}$ **48** a) $\sqrt{2}$ b) $2\sqrt[12]{128}$ c) $\sqrt[48]{2^{17}}$ d) $\sqrt[30]{2}$ **49** a) $2\sqrt[5]{9}$ b) $5\sqrt{2} + \sqrt{35}$

50 a) $-17\sqrt{2}$ b) $28\sqrt{3}$ c) $15\sqrt{3} + \sqrt{2}$ d) $13\sqrt{3} - 51\sqrt{2}$ **51** a) $2\sqrt{6} + 8\sqrt{3}$ b) $11\sqrt{3}$ c) $22\sqrt{3} - 32\sqrt{6}$ **52** a) $3\sqrt[3]{9}$ b) 3 c) $\sqrt[3]{25}$ **53** a) $3\sqrt{2}$ b) $5\sqrt{2}$ c) $5\sqrt[3]{3}$ d) $2\sqrt[5]{3}$ **54** a) $2\sqrt{7}$ b) $11\sqrt{7}$ c) $\sqrt{6}$ **55** a) $2\sqrt{15} + 6$ b) $-12\sqrt{2}$ **56** a) $\dfrac{11 - 6\sqrt{2}}{7}$ b) $\dfrac{5\sqrt{6} + 13}{19}$ c) $\dfrac{14\sqrt{6} + 25}{19}$ d) $\dfrac{27 - 8\sqrt{15}}{33}$ e) $\dfrac{7 - \sqrt{5}}{4}$ f) $\sqrt{6}$ g) $\sqrt{6}$ h) $\sqrt{10} - 3$ i) $\dfrac{1}{23}(2\sqrt{6} + 10\sqrt{3} - 9\sqrt{2} + 1)$ j) $\dfrac{1}{2}(\sqrt{5} + \sqrt{2} + 1)$

II EQUAÇÕES
1 – Resolução por fatoração

1) Propriedade

Para $n \in \mathbb{N}^*$ e $a \in \mathbb{R}$, temos: $\boxed{a^n = 0 \Leftrightarrow a = 0}$

Exemplos:

1º) $x^2 = 0 \Rightarrow x = 0$, $7x^3 = 0 \Rightarrow x = 0$ 2º) $\dfrac{\sqrt[5]{3}}{7}(2x-3)^{11} = 0 \Rightarrow 2x - 3 = 0 \Rightarrow 2x = 3 \Rightarrow x = \dfrac{3}{2}$

57 Resolver em $\mathbb{R}$ as equações:

a) $x^7 = 0$

b) $7\sqrt{5}\, x^4 = 0$

c) $(2\sqrt{5} - 1)x^2 = 0$

d) $(x - 5)^5 = 0$

e) $(2\sqrt{3} - 1)(2x - 3\sqrt{2})^7 = 0$

f) $(\pi - \sqrt{3})(3x - 2\sqrt{18})^5 = 0$

2) Propriedade

Para $a \in \mathbb{R}$ e $b \in \mathbb{R}$, temos: $\boxed{ab = 0 \Leftrightarrow a = 0 \text{ ou } b = 0}$

Exemplos:

1º) $(2x - 3)(3x - 9) = 0$
$2x - 3 = 0$ ou $3x - 9 = 0$
$2x = 3 \qquad\qquad 3x = 9$
$x = \dfrac{3}{2} \qquad\qquad x = 3$
$S = \left\{\dfrac{3}{2}, 3\right\}$

2º) $3x^7(2x - 12)^4(5x - 10)^3 = 0$
$x = 0$ ou $2x - 12 = 0$ ou $5x - 10 = 0$
$x = 0 \qquad\quad 2x = 12 \qquad\qquad 5x = 10$
$\qquad\qquad\quad x = 6 \qquad\qquad\quad x = 2$
$S = \{0, 2, 6\}$

58 Resolver em $\mathbb{R}$ as equações:

a) $(x - 3)(x + 3)(x - 5) = 0$

b) $3x^2(3x - 9)(2x - 4) = 0$

c) $\dfrac{3}{2}x^4(5x - 3)(3x - 7)^3 = 0$

d) $\sqrt{3}\, x^7(4x + 6)^2(8 - 12x)^3 = 0$

e) $3x^2(3\sqrt{12} - 2x)^3(\sqrt{18} - 3x)^4(5x - \sqrt{125})^2(343 - 49x)^5 = 0$

59 Resolver em **R** as equações:
Transformar em multiplicação (fatorar) primeiramente.

Exemplos:

1º) $x^2 + 7x + 10 = 0$
$(x + 2)(x + 5) = 0$
$x + 2 = 0$ ou $x + 5 = 0$
$x = -2$ ou $x = -5$
$S = \{-5, -2\}$

2º) $x^2 - 3x - 10 = 0$
$(x - 5)(x + 2) = 0$
$x - 5 = 0$ ou $x + 2 = 0$
$x = 5$ ou $x = -2$
$V = \{-2, 5\}$

3º) $x^2 - 5\sqrt{3}\,x + 18 = 0$
$(x - 3\sqrt{3})(x - 2\sqrt{3}) = 0$
$x - 3\sqrt{3} = 0$ ou $x - 2\sqrt{3} = 0$
$x = 3\sqrt{3}$ ou $x = 2\sqrt{3}$
$V = \{2\sqrt{3}, 3\sqrt{3}\}$

a) $x^2 + 8x + 15 = 0$

b) $x^2 - 7x + 10 = 0$

c) $x^2 - 2x - 15 = 0$

d) $x^2 - 6x + 8 = 0$

e) $x^2 + 6x + 8 = 0$

f) $x^2 - 2x - 8 = 0$

g) $x^2 + 2x - 8 = 0$

h) $x^2 - 10x + 21 = 0$

i) $x^2 + 4x - 21 = 0$

j) $x^2 - 7\sqrt{2}\,x + 20 = 0$

k) $x^2 + 6\sqrt{3}\,x + 24 = 0$

l) $x^2 - 2\sqrt{2}\,x - 30 = 0$

60 Resolver em **R** as equações:
Simplificar primeiramente e depois fatorar.

a) $2x(x-3) - x(x-18) + 35 = 0$

b) $(2x-3)(x-5) - x(x+2) = -21$

c) $2x(5-2x) - 5x(1-x) = 24$

d) $(2x-3)(3x-2) = 5(x^2-6)$

e) $2x(3x-1) - 3x(2x-1)(x+3) + 2x(x-4)(3x-1) = 20(7-2x^2)$

f) $(2x-3)(2x+3) - (2x-5)(3x-2) = (2-3x)(2+3x) + 257 - 2x$

Resp: **57** a) $\{0\}$ b) $\{0\}$ c) $\{0\}$ d) $\{5\}$ e) $\left\{\dfrac{3\sqrt{2}}{2}\right\}$ f) $\{2\sqrt{2}\}$ **58** a) $\{-3, 3, 5\}$ b) $\{0, 2, 3\}$
  c) $\left\{0, \dfrac{3}{5}, \dfrac{7}{3}\right\}$ d) $\left\{0, -\dfrac{3}{2}, \dfrac{2}{3}\right\}$ e) $V = \{0, \sqrt{2}, \sqrt{5}, 3\sqrt{3}, 7\}$

27

61 De acordo com a identidade $(a + b)^2 = a^2 + 2ab + b^2$, fatorando primeiramente, resolver as equações:

Exemplos:

1) $4x^2 + 4x + 1 = 0$
$(2x + 1)^2 = 0$
$2x + 1 = 0$
$x = -\dfrac{1}{2} \Rightarrow \quad V = \left\{-\dfrac{1}{2}\right\}$

2) $3x^2 + 18x + 27 = 0$
$x^2 + 6x + 9 = 0$
$(x + 3)^2 = 0$
$x + 3 = 0$

3) $x^2 + 2\sqrt{3}\, x + 3 = 0$
$(x + \sqrt{3})^2 = 0$
$x + \sqrt{3} = 0$
$x = -\sqrt{3} \Rightarrow V = \{-\sqrt{3}\}$
$x = -3 \Rightarrow \quad V = \{-3\}$

a) $x^2 + 10x + 25 = 0$

b) $x^2 + 4x + 4 = 0$

c) $2x^2 + 20x + 50 = 0$

d) $3x^2 + 24x + 48 = 0$

e) $9x^2 + 6x + 1 = 0$

f) $4x^2 + 12x + 9 = 0$

62 De acordo com a identidade $(a - b)^2 = a^2 - 2ab + b^2$, fatorando primeiramente, resolver as equações:

Exemplo: $5x^2 - 30x + 45 = 0 \Rightarrow x^2 - 6x + 9 = 0 \Rightarrow (x - 3)^2 = 0 \Rightarrow x - 3 = 0 \Rightarrow x = 3 \Rightarrow V = \{3\}$

a) $x^2 - 14x + 49 = 0$

b) $3x^2 - 12x + 12 = 0$

c) $9x^2 - 12x + 4 = 0$

63 Resolver:

a) $x^2 + 2\sqrt{7}\, x + 7 = 0$

b) $9x^2 + 6\sqrt{2}\, x + 2 = 0$

c) $3x^2 - 2\sqrt{15}\, x + 5 = 0$

64 Determine o valor de **x**. Economizar passagens. Observar os exemplos:

Exemplos:

1) $x - 7 = 2$	2) $2x - 8 = 0$	3) $(3x - 12)^2 = 0$	4) $(x + 2)(x - 3) = 0$
$x = 9$	$x = 4$	$x = 4$	$x = -2$ ou $x = 3$
a) $2x - 10 = 0$ $x =$	$x - 8 = 2$ $x =$	$7 - x = 0$ $x =$	$x + 5 = 0$ $x =$
b) $8 + x = 0$	$2 - x = 0$	$3x - 2 = 0$	$5x - 3 = 0$
c) $7x - 21 = 0$	$8x - 32 = 0$	$3x + 21 = 0$	$(7x - 35)^2 = 0$
d) $(x - 3)(x - 7) = 0$	$(x - 5)^2 = 0$	$(2x + 10)^2 = 0$	$(3x - 6)(5x + 20) = 0$
e) $(18 - 2x)^2 = 0$	$(27 - 9x)^2 = 0$	$(2x - 5)^2 = 0$	$(3 - 2x)(5 - 3x) = 0$

65 Fatorar e em seguida determinar **x**.

a) $x^2 - 10x + 25 = 0$	$x^2 + 12x + 36 = 0$	$x^2 - 18x + 81 = 0$	$x^2 + 8x + 16 = 0$
b) $4x^2 - 12x + 9 = 0$	$25x^2 - 20x + 4 = 0$	$4x^2 + 28x + 49 = 0$	$49x^2 + 42x + 9 = 0$
c) $x^2 - 9x + 20 = 0$	$x^2 + 15x + 50 = 0$	$x^2 - 10x + 21 = 0$	$x^2 - 17x + 70 = 0$

Resp: **59** a) $\{-3, -5\}$ b) $\{2, 5\}$ c) $\{-3, 5\}$ d) $\{2, 4\}$ e) $\{-4, -2\}$ f) $\{-2, 4\}$ g) $\{-4, 2\}$ h) $\{3, 7\}$ i) $\{-7, 3\}$
j) $\{2\sqrt{2}, 5\sqrt{2}\}$ k) $\{-4\sqrt{3}, -2\sqrt{3}\}$ l) $\{-3\sqrt{2}, 5\sqrt{2}\}$ **60** a) $\{-7, -5\}$ b) $\{3, 12\}$ c) $\{-8, 3\}$ d) $\{4, 9\}$
e) $\{-7, 4\}$ f) $\{-8, 5\}$

2 – Equação do 2º grau

Definição: Chamamos de equação do 2º grau a equação polinomial que pode ser reduzida à forma $ax^2 + bx + c = 0$, com $a \neq 0$. Nesta abordagem vamos considerar a, b e c sendo números reais.

1) Equação do 2º grau incompleta onde apenas c = 0

$$ax^2 + bx = 0 \text{, com } a \neq 0 \text{ e } b \neq 0$$

Na resolução usamos a propriedade: $\alpha \cdot \beta = 0 \Rightarrow \alpha = 0$ ou $\beta = 0$

Exemplos:

Esta equação tem uma raiz **nula** e a outra **não nula**.

1) $x^2 - 8x = 0$	2) $7x^2 - 14x = 0$	3) $2x^2 + 7x = 0$	4) $2x^2 - \sqrt{18}\,x = 0$
$x(x-8) = 0$	$x^2 - 2x = 0$	$x(2x+7) = 0$	$x(2x - 3\sqrt{2}) = 0$
	$x(x-2) = 0$		
$S = \{0, 8\}$	$S = \{0, 2\}$	$S = \left\{0, -\dfrac{7}{2}\right\}$	$S = \left\{0, \dfrac{3\sqrt{2}}{2}\right\}$

66 Resolver as seguintes equações:

a) $x^2 + 10x = 0$ | $x^2 - 4x = 0$ | $3x^2 - 15x = 0$ | $3x^2 - 5x = 0$

b) $3x^2 + \sqrt{2}\,x = 0$ | $7x^2 - 49x = 0$ | $9x^2 + 72x = 0$ | $5x^2 - 25\sqrt{2}\,x = 0$

67 Resolver as equações:

a) $(3x - 4)(2x + 3) = 5x - 12$

b) $(3x - 2)^2 = (x - 3)^2 + 5(2x - 1)$

c) $(3x - 5)^2 = (2x + 5)^2 - 30x$

d) $(4 - 3x)(4 + 3x) = (4 - 5x)^2 - 11x$

2) Equação do 2º grau incompleta onde apenas b = 0

$$ax^2 + c = 0, \text{ com } a \neq 0 \text{ e } c \neq 0$$

Se **a** e **c** têm sinais iguais, esta equação **não tem raízes reais**.
Se **a** e **c** têm sinais diferentes, esta equação **tem raízes opostas**.
Na resolução usamos a propriedade: $x^2 = \alpha$, $\alpha \geq 0 \Rightarrow x = \pm\sqrt{\alpha}$

Exemplos:

1) $2x^2 - 18 = 0$
   $x^2 = 9$
   $x = \pm\sqrt{9}$
   $x = \pm 3$
   $V = \{\pm 3\}$

2) $x^2 - 49 = 0$
   $x^2 = 49$
   $x = \pm\sqrt{49}$
   $x = \pm 7$
   $V = \{\pm 7\}$

3) $x^2 + 9 = 0$
   $x^2 = -9$
   $x = \pm\sqrt{-9}$
   $x \notin \mathbb{R}$
   $V = \emptyset$

4) $x^2 - 20 = 0$
   $x^2 = 20$
   $x = \pm\sqrt{20}$
   $x = \pm 2\sqrt{5}$
   $V = \{\pm 2\sqrt{5}\}$

68 Resolver as equações:

a) $5x^2 - 45 = 0$ $4x^2 - 9 = 0$ $5x^2 + 10 = 0$ $x^2 - 2 = 0$

b) $2x^2 - 24 = 0$ $5x^2 - 80 = 0$ $5x^2 - 90 = 0$ $8 - 9x^2 = 0$

c) $3x^2 - 60 = 0$ $7x^2 - 84 = 0$ $16x^2 - 75 = 0$ $2x^2 - 5 = 0$

Resp: **61** a) $\{-5\}$ b) $\{-2\}$ c) $\{-5\}$ d) $\{-4\}$ e) $\left\{-\frac{1}{3}\right\}$ f) $\left\{-\frac{3}{2}\right\}$ **62** a) $\{7\}$ b) $\{2\}$ c) $\left\{\frac{2}{3}\right\}$
63 a) $\{-\sqrt{7}\}$ b) $\left\{\frac{-\sqrt{2}}{3}\right\}$ c) $\left\{\frac{\sqrt{15}}{3}\right\}$ **64** a) $5, 10, 7, -5$ b) $-8, 2, \frac{2}{3}, \frac{3}{5}$ c) $3, 4, -7, 5$
d) $3 \vee 7, 5, -5, 2 \vee -4$ e) $9, 3, -\frac{5}{2}, \frac{3}{2} \vee \frac{5}{3}$ **65** a) $5, -6, 9, -4$ b) $\frac{3}{2}, \frac{2}{5}, -\frac{7}{2}, -\frac{3}{7}$
c) $4 \vee 5, -5 \vee -10, 3 \vee 7, 7 \vee 10$

69 Resolver as equações:

a) $(3x + 2)^2 - 55 = (2x + 3)^2$

b) $(5x - 7)(5x + 7) - 6(4x - 3) = (4x - 3)^2$

c) $(3x - 5)^2 - (2x + 3)^2 = 14(2 - 3x)$

d) $14x^2 - (2x - 3)(3x + 5) = 16 - x$

70 Resolver as equações:

a) $(2x - 1)(3x + 4) = (3x + 2)^2 - 8$

b) $34 - (3x - 5)^2 - (x - 2)^2 - 34x = 0$

c) $2(3 - 2x)^2 = (x + 5)(x - 5) + 43$

d) $(3x - 1)(3x + 1) - 2(x - 2)^2 = 4x(x + 2)$

71 Resolver as seguintes equações:

a) $\dfrac{2x^2}{3} - \dfrac{4x-1}{4} - \dfrac{3x-1}{2} = \dfrac{3}{4}$

b) $\dfrac{3x}{2} - \dfrac{x-8x^2}{6} - \dfrac{4x}{3} = \dfrac{3}{2}$

c) $(6x - 13)^2 = 25$

d) $3(7x - 25)^2 - 2(7x - 25) = 0$

e) $2(3x - 15)^2 - 3(3x - 15) = 0$

f) $7(4x - 21)^2 - 343 = 0$

g) $2(x^2 - 7x + 12)^2 - 84(x^2 - 7x + 12) = 0$

Resp: **66** a) $\{0, -10\}, \{0, 4\}, \{0, 5\}, \left\{0, \dfrac{5}{3}\right\}$ b) $\left\{0, -\dfrac{\sqrt{2}}{3}\right\}, \{0, 7\}, \{0, -8\}, \{0, 5\sqrt{2}\}$ **67** a) $\left\{0, \dfrac{2}{3}\right\}$ b) $\{0, 2\}$ c) $\{0, 4\}$ d) $\left\{0, \dfrac{3}{2}\right\}$

68 a) $\{\pm 3\}, \left\{\pm \dfrac{3}{2}\right\}, \varnothing, \{\pm \sqrt{2}\}$ b) $\{\pm 2\sqrt{3}\}, \{\pm 4\}, \{\pm 3\sqrt{2}\}, \left\{\pm \dfrac{2\sqrt{2}}{3}\right\}$ c) $\{\pm 2\sqrt{5}\}, \{\pm 2\sqrt{3}\}, \left\{\pm \dfrac{5\sqrt{3}}{4}\right\}, \left\{\pm \dfrac{\sqrt{10}}{2}\right\}$

72 Resolver as seguintes equações:

a) $3x^2 - 2\sqrt{2}\,x = 0$

b) $2\sqrt{3}\,x^2 + 6x = 0$

c) $3x^2 - 4 = 0$

d) $5x^4 - 9x^2 = 0$

e) $\sqrt{3}\,x^2 - 4 = 0$

f) $2x^2 - 6\sqrt{2}\,x + 9 = 0$

g) $3x^2 - 10\sqrt{3}\,x + 25 = 0$

h) $\sqrt{2}\,x^2 + x^2 - 6x = 0$

i) $\sqrt{3}\,x^3 - x^3 - 2x^2 = 0$

j) $(2\sqrt{3}\,x + 1)^2 - 4(x + \sqrt{3})^2 = (2\sqrt[4]{3}\,x + \sqrt{5})(2\sqrt[4]{3}\,x - \sqrt{5}) - 6$

k) $(2x - 3)(3x - 4) - 2(3x - 1)(x + 1) - 3(1 - 2x)(1 + 3x) = 5(6x - 5) - 2(7 - 3x)$

3) Equação do 2º grau completa

$ax^2 + bx + c = 0$, com $a \neq 0$, $b \neq 0$ e $c \neq 0$ ($a \cdot b \cdot c \neq 0$)

Exemplo: $7x^2 - 4x - 2 = 0$. Note que $a = 7$, $b = -4$ e $c = -2$

Revisão fundamental:

73 Determinar os valores de:

a) $8^2 =$	$9^2 =$	$11^2 =$	$13^2 =$
b) $(-9)^2 =$	$-9^2 =$	$-11^2 =$	$(-13)^2 =$
c) $12^2 =$	$-12^2 =$	$(-12)^2 =$	$15^2 =$
d) $-15^2 =$	$(-15)^2 =$	$(-17)^2 =$	$-17^2 =$
e) $-19^2 =$	$(-19)^2 =$	$-16^2 =$	$16^2 =$
f) $(-3m)^2 =$	$(-4m)^2 =$	$(-7m)^2 =$	$(-9n)^2 =$

74 Determinar:

a) $4(2)(3) =$	$4 \cdot 5(-2) =$	$4 \cdot 3(-1) =$
b) $-4 \cdot 3 \cdot 2 =$	$-4 \cdot 2 \cdot 5 =$	$-4 \cdot 2(-2) =$
c) $-4 \cdot 7(-1) =$	$-4 \cdot 3(-2) =$	$-4 \cdot 3 \cdot 5 =$
d) $-4 \cdot 3(-5) =$	$-4 \cdot 5 \cdot 7 =$	$-4 \cdot 5(-7) =$
e) $-4 \cdot m(-2m) =$	$-4 \cdot 3m(-2m) =$	$-4 \cdot m(-5m) =$

75 Determinar:

a) $\sqrt{16} =$	$\sqrt{64} =$	$\sqrt{81} =$	$-\sqrt{100} =$
b) $-\sqrt{121} =$	$\sqrt{144} =$	$\sqrt{169} =$	$-\sqrt{196} =$
c) $\sqrt{225} =$	$-\sqrt{256} =$	$-\sqrt{289} =$	$\sqrt{324} =$
d) $\sqrt{361} =$	$-\sqrt{400} =$	$\sqrt{441} =$	$\sqrt{484} =$
e) $\sqrt{529} =$	$\sqrt{576} =$	$-\sqrt{625} =$	$\sqrt{676} =$
f) $\sqrt{729} =$	$\sqrt{784} =$	$\sqrt{841} =$	$\sqrt{900} =$
g) $-\sqrt{361} =$	$-\sqrt{529} =$	$-\sqrt{729} =$	$-\sqrt{841} =$

Resp: **69** a) $\{\pm 2\sqrt{3}\}$ b) $\left\{\pm \dfrac{2\sqrt{10}}{3}\right\}$ c) $\left\{\pm \dfrac{2\sqrt{15}}{5}\right\}$ d) $\left\{\pm \dfrac{\sqrt{2}}{4}\right\}$

70 a) $\left\{0, -\dfrac{7}{3}\right\}$ b) $\left\{\pm \dfrac{\sqrt{2}}{2}\right\}$ c) $\left\{0, \dfrac{24}{7}\right\}$ d) $\{\pm \sqrt{3}\}$

71 a) $\left\{0, \dfrac{5}{4}\right\}$ b) $\left\{\pm \dfrac{3\sqrt{2}}{4}\right\}$ c) $\left\{3, \dfrac{4}{3}\right\}$ d) $\left\{\dfrac{11}{3}, \dfrac{25}{7}\right\}$ e) $\left\{5, \dfrac{11}{2}\right\}$ f) $\left\{7, \dfrac{7}{2}\right\}$ g) $\{-3, 3, 4, 10\}$

76 Determinar:

a) $\sqrt{9 \cdot 16} =$ | $\sqrt{4 \cdot 36} =$ | $\sqrt{9 \cdot 36} =$ | $\sqrt{25 \cdot 9} =$

b) $\sqrt{64 \cdot 81} =$ | $\sqrt{49 \cdot 64} =$ | $\sqrt{81 \cdot 36} =$ | $\sqrt{144 \cdot 16} =$

77 Determinar:

a) $\sqrt{4 \cdot 5} =$ | $\sqrt{9 \cdot 7} =$ | $\sqrt{4 \cdot 7} =$ | $\sqrt{9 \cdot 5} =$

b) $\sqrt{16 \cdot 3} =$ | $\sqrt{16 \cdot 5} =$ | $\sqrt{25 \cdot 5} =$ | $\sqrt{25 \cdot 3} =$

c) $\sqrt{36 \cdot 3} =$ | $\sqrt{64 \cdot 3} =$ | $\sqrt{64 \cdot 5} =$ | $\sqrt{81 \cdot 3} =$

78 Simplificar, determinando mentalmente dois fatores onde um deles é o maior quadrado possível, as seguintes expressões:

a) $\sqrt{18} =$ | $\sqrt{20} =$ | $\sqrt{24} =$ | $\sqrt{28} =$

b) $\sqrt{50} =$ | $\sqrt{27} =$ | $\sqrt{32} =$ | $\sqrt{48} =$

c) $\sqrt{75} =$ | $\sqrt{40} =$ | $\sqrt{60} =$ | $\sqrt{90} =$

d) $\sqrt{45} =$ | $\sqrt{72} =$ | $\sqrt{80} =$ | $\sqrt{98} =$

e) $\sqrt{200} =$ | $\sqrt{300} =$ | $\sqrt{500} =$ | $\sqrt{600} =$

f) $\sqrt{44} =$ | $\sqrt{76} =$ | $\sqrt{54} =$ | $\sqrt{800} =$

g) $\sqrt{52} =$ | $\sqrt{96} =$ | $\sqrt{117} =$ | $\sqrt{56} =$

h) $\sqrt{112} =$ | $\sqrt{68} =$ | $\sqrt{63} =$ | $\sqrt{84} =$

79 Se $m \geq 0$, $n \geq 0$, simplificar:

a) $\sqrt{25m^2} =$ | $\sqrt{36m^2} =$ | $\sqrt{64m^2n^2} =$ | $\sqrt{100m^2n^2} =$

b) $\sqrt{12m^2} =$ | $\sqrt{44n^2} =$ | $\sqrt{45m^2n^2} =$ | $\sqrt{18n^2} =$

80 Simplificar a expressão:

a) $\sqrt{16} - \sqrt{25} + \sqrt{36}$ | $\sqrt{64} - \sqrt{81} + \sqrt{49}$ | $2\sqrt{64} - 3\sqrt{25} - 2\sqrt{9}$

b) $\sqrt{121} - \sqrt{81} + \sqrt{144}$ | $\sqrt{361} - \sqrt{121} + \sqrt{289}$ | $\sqrt{529} - \sqrt{784} + \sqrt{841}$

81 Dados a, b e c, determinar o número $\Delta = b^2 - 4ac$, nos casos:
(Δ é a letra grega maiúscula chamada delta).

a) $a = 2$, $b = 4$, $c = 1$ $\Delta = b^2 - 4ac$ $\Delta = (\ )^2 - 4(\ )(\ )$ $\Delta =$	$a = 3$, $b = 6$, $c = -2$	$a = 1$, $b = -7$, $c = -2$
b) $a = 3$, $b = 7$, $c = 3$ $\Delta = (\ )^2 - 4(\ )(\ )$ $\Delta =$	$a = 1$, $b = -4$, $c = -1$	$a = 5$, $b = 4$, $c = -2$
c) $a = 3$, $b = 4$, $c = -3$ $\Delta = \quad =$	$a = 2$, $b = -2$, $c = -1$	$a = 7$, $b = -3$, $c = 2$
d) $a = 3$, $b = 2m$, $c = 3m^2$	$a = 4m^2$, $b = -3m$, $c = -1$	$a = 2n$, $b = -3n$, $c = -n$

82 Escrever na forma $ax^2 + bx + c = 0$, com $a > 0$ e a, b e c primos entre si, e em seguida determinar os valores de a, b e c, as seguintes equações:

a) $8x^2 + 4x - 6 = 0$	$16x^2 - 24x + 8 = 0$	$-5x^2 - 7x + 2 = 0$
b) $-6x^2 + 9x + 3 = 0$	$-15x^2 - 5x + 25 = 0$	$-8x^2 + 4x - 16 = 0$
c) $3x^2 - 7x + 8 = 17x^2 + 7x - 27$	$-4x^2 - x + 6 = 11x^2 - 6x + 46$	

Resp: **72** a) $\left\{0, \dfrac{2\sqrt{2}}{3}\right\}$ b) $\{0, -\sqrt{3}\}$ c) $\left\{\pm \dfrac{2\sqrt{3}}{3}\right\}$ d) $\left\{0, \pm \dfrac{3\sqrt{5}}{5}\right\}$ e) $\left\{\pm \dfrac{2\sqrt[4]{27}}{3}\right\}$ f) $\left\{\dfrac{3\sqrt{2}}{2}\right\}$ g) $\left\{\dfrac{5\sqrt{3}}{3}\right\}$

h) $\{0, 6\sqrt{2} - 6\}$ i) $\{0, \sqrt{3} + 1\}$ j) $\{0, 2\sqrt{3} + 3\}$ k) $\left\{\dfrac{5}{3}\right\}$ **73** a) 64, 81, 121, 169 b) 81, –81, –121, 169

c) 144, –144, 144, 225 d) –225, 225, 289, –289 e) –361, 361, –256, 256 f) $9m^2$, $16m^2$, $49n^2$, $81n^2$

74 a) 24, –40, –12 b) –24, –40, 16 c) 28, 24, –60 d) 60, –140, 140 e) $8m^2$, $24m^2$, $20m^2$

75 a) 4, 8, 9, –10 b) –11, 12, 13, –14 c) 15, –16, –17, 18 d) 19, –20, 21, 22 e) 23, 24, –25, 26

f) 27, 28, 29, 30 g) –19, –23, –27, –29

83 Em cada caso é dada uma equação do 2º grau com a > 0 e a, b e c primos entre si. Observando os valores de a, b e c, determinar o discriminante da equação dada.

Discriminante da equação $ax^2 + bx + c = 0$ é $\Delta = b^2 - 4ac$.

a) $3x^2 - 5x - 2 = 0$ $\Delta = b^2 - 4ac$	$5x^2 - 8x + 2 = 0$
b) $4x^2 - 4x + 1 = 0$	$9x^2 - 12x + 4 = 0$
c) $3x^2 - x - 4 = 0$	$6x^2 + 7x - 5 = 0$
d) $6x^2 - 11x - 7 = 0$	$8x^2 + 2x - 15 = 0$

84 Simplificar o valor de x nos casos:

a)	$x = \dfrac{6+8}{2}$	$x = \dfrac{-6+10}{2}$	$x = \dfrac{8-20}{4}$	$x = \dfrac{-2-22}{6}$
b)	$x = \dfrac{-6+18}{8}$	$x = \dfrac{8-26}{12}$	$x = \dfrac{-3+24}{14}$	$x = \dfrac{-6-29}{42}$
c)	$x = \dfrac{8-\sqrt{12}}{4}$	$x = \dfrac{-10+\sqrt{50}}{10}$	$x = \dfrac{-8-\sqrt{48}}{12}$	$x = \dfrac{-9-\sqrt{108}}{6}$
d)	$x = \dfrac{4-\sqrt{20}}{6}$	$x = \dfrac{-9-\sqrt{72}}{6}$	$x = \dfrac{15-\sqrt{200}}{10}$	$x = \dfrac{18-\sqrt{288}}{24}$
e)	$x = \dfrac{14-\sqrt{98}}{21}$	$x = \dfrac{27+\sqrt{162}}{45}$	$x = \dfrac{44-\sqrt{192}}{36}$	$x = \dfrac{35-\sqrt{147}}{28}$

4) Dedução da formula de Báskara

Observar:

I) As seguintes fatorações:

$$x^2 + x + \frac{1}{4} = \left(x + \frac{1}{2}\right)^2; \quad x^2 - ax + \frac{a^2}{4} = \left(x - \frac{a}{2}\right)^2; \quad x^2 - \frac{b}{a}x + \frac{b^2}{4a^2} = \left(x - \frac{b}{2a}\right)^2$$

II) As resoluções das seguintes equações:

1) $\left(x - \frac{1}{6}\right)^2 = \frac{9}{16} \Rightarrow x - \frac{1}{6} = \pm\sqrt{\frac{9}{16}} \Rightarrow x - \frac{1}{6} = \pm\frac{3}{4} \Rightarrow x = \frac{1}{6} \pm \frac{3}{4} \Rightarrow$

$\Rightarrow x = \frac{2 \pm 9}{12} \Rightarrow x = \frac{2+9}{12} = \frac{11}{12}$ ou $x = \frac{2-9}{12} = \frac{-7}{12} \Rightarrow x = \frac{11}{12}$ ou $x = \frac{-7}{12}$

2) $\left(x - \frac{b}{a}\right)^2 = \frac{4b^2}{49a^2} \Rightarrow x - \frac{b}{a} = \pm\frac{2b}{7a} \Rightarrow x = \frac{b}{a} \pm \frac{2b}{7a} \Rightarrow x = \frac{7b \pm 2b}{7a} \Rightarrow$

$x = \frac{7b+2b}{7a} = \frac{9b}{7a}$ ou $x = \frac{7b-2b}{7a} = \frac{5b}{7a} \Rightarrow x = \frac{9b}{7a}$ ou $x = \frac{5b}{7a}$

III) Que parcela devemos somar a um determinado binômio para obtemos um trinômio quadrado perfeito:

1) $x^2 + 6ax \Rightarrow \left(\frac{1}{2}6a\right)^2 = (3a)^2 = 9a^2 \Rightarrow x^2 + 6ax + 9a^2 = (x+3a)^2$

2) $x^2 - \frac{b}{a}x \Rightarrow \left(\frac{1}{2}\frac{b}{a}\right)^2 = \frac{b^2}{4a^2} \Rightarrow x^2 - \frac{b}{a}x + \frac{b^2}{4a^2} = \left(x - \frac{b}{2a}\right)^2$

Consideremos agora a equação $ax^2 + bx + c = 0$, com $a \neq 0$
Dividindo ambos os membros por **a**, obtemos:

$\frac{a}{a}x^2 + \frac{b}{a}x + \frac{c}{a} = 0 \Rightarrow x^2 + \frac{b}{a}x + \frac{c}{a} = 0 \Rightarrow x^2 + \frac{b}{a}x = -\frac{c}{a}$

Vamos somar $\frac{b^2}{4a^2}$ a ambos os membros para obtemos um trinômio quadrado perfeito no primeiro membro:

$x^2 + \frac{b}{a}x + \frac{b^2}{4a^2} = \frac{b^2}{4a^2} - \frac{c}{a} \Rightarrow \left(x + \frac{b}{2a}\right)^2 = \frac{b^2 - 4ac}{4a^2} \Rightarrow$

$x + \frac{b}{2a} = \pm\sqrt{\frac{b^2-4ac}{4a^2}} \Rightarrow x + \frac{b}{2a} = \pm\frac{\sqrt{b^2-4ac}}{2a} \Rightarrow x = \frac{-b}{2a} \pm \frac{\sqrt{b^2-4ac}}{2a} \Rightarrow$

$x = \frac{-b \pm \sqrt{b^2-4ac}}{2a} \Rightarrow x = \frac{-b + \sqrt{b^2-4ac}}{2a}$ ou $\Rightarrow x = \frac{-b - \sqrt{b^2-4ac}}{2a}$

Resp: **76** a) 12, 12, 18, 15 b) 72, 56, 54, 48 **77** a) $2\sqrt{5}, 3\sqrt{7}, 2\sqrt{7}, 3\sqrt{5}$ b) $4\sqrt{3}, 4\sqrt{5}, 5\sqrt{5}, 5\sqrt{3}$

c) $6\sqrt{3}, 8\sqrt{3}, 8\sqrt{5}, 9\sqrt{3}$ **78** a) $3\sqrt{2}, 2\sqrt{5}, 2\sqrt{6}, 2\sqrt{7}$ b) $5\sqrt{2}, 3\sqrt{3}, 4\sqrt{2}, 4\sqrt{3}$

c) $5\sqrt{3}, 2\sqrt{10}, 2\sqrt{15}, 3\sqrt{10}$ d) $3\sqrt{5}, 6\sqrt{2}, 4\sqrt{5}, 7\sqrt{2}$ e) $10\sqrt{2}, 10\sqrt{3}, 10\sqrt{5}, 10\sqrt{6}$

f) $2\sqrt{11}, 2\sqrt{19}, 3\sqrt{6}, 20\sqrt{2}$ g) $2\sqrt{13}, 4\sqrt{6}, 3\sqrt{13}, 2\sqrt{14}$ h) $4\sqrt{7}, 2\sqrt{17}, 3\sqrt{7}, 2\sqrt{21}$

79 a) 5m, 6m, 8mn, 10mn b) $2m\sqrt{3}, 2n\sqrt{11}, 3mn\sqrt{5}, 3n\sqrt{2}$ **80** a) 5, 6, −5 b) 14, 25, 24

81 a) 8, 60, 57 b) 13, 20, 56 c) 52, 12, −47 d) $-32m^2, 25m^2, 17n^2$

82 a) $a=4, b=2, c=-3$; $a=2, b=-3, c=1$; $a=5, b=7, c=-2$ b) $a=2, b=-3, c=-1$; $a=3, b=1$,

$c=-5$; $a=2, b=-1, c=4$ c) $a=2, b=2, c=-5$; $a=3, b=-1, c=8$

Se $b^2 - 4ac \geq 0$, as raízes são reais e se $b^2 - 4ac < 0$, a equação não tem raízes reais.
$b^2 - 4ac$ é chamado discriminante da equação $ax^2 + bx + c = 0$, $a \neq 0$.
Indicando $b^2 - 4ac$ por Δ, isto é: $\Delta = b^2 - 4ac$ obtemos:

$$\text{Fórmula de Báskara: } x = \frac{-b \pm \sqrt{\Delta}}{2a}, \quad \Delta = b^2 - 4ac$$

$$\Delta < 0 \Rightarrow S = \varnothing \quad \text{e} \quad \Delta \geq 0 \Rightarrow S = \left\{\frac{-b + \sqrt{\Delta}}{2a}, \frac{-b - \sqrt{\Delta}}{2a}\right\}$$

Exemplo: Resolver as seguintes equações:

1) $6x^2 + 7x - 3 = 0$ \hspace{1em} Note que $a = 6$, $b = 7$ e $c = -3$

$x = \dfrac{-b \pm \sqrt{b^2 - 4ac}}{2a} \Rightarrow x = \dfrac{-7 \pm \sqrt{7^2 - 4(6)(-3)}}{2(6)} \Rightarrow x = \dfrac{-7 \pm \sqrt{49 + 72}}{12} \Rightarrow$

$x = \dfrac{-7 \pm \sqrt{121}}{12} \Rightarrow x = \dfrac{-7 \pm 11}{12} \Rightarrow x = \dfrac{-7 + 11}{12}$ ou $x = \dfrac{-7 - 11}{12} \Rightarrow x = \dfrac{4}{12}$ ou $x = \dfrac{-18}{12}$

$\Rightarrow x = \dfrac{1}{3}$ ou $x = \dfrac{-3}{2} \Rightarrow V = \left\{-\dfrac{3}{2}, \dfrac{1}{3}\right\}$

outro modo: $\Delta = b^2 - 4ac$ e $x = \dfrac{-b \pm \sqrt{\Delta}}{2a}$

$\Delta = 7^2 - 4(6)(-3) \Rightarrow \Delta = 49 + 72 \Rightarrow \Delta = 121$

$x = \dfrac{-7 \pm \sqrt{121}}{2(6)} \Rightarrow x = \dfrac{-7 \pm 11}{12} \Rightarrow x = \dfrac{-7 + 11}{12} = \dfrac{4}{12} = \dfrac{1}{3}$ ou $x = \dfrac{-7 - 11}{12} = \dfrac{-18}{12} = \dfrac{-3}{2}$

$\Rightarrow x = \dfrac{1}{3}$ ou $x = \dfrac{-3}{2} \Rightarrow V = \left\{\dfrac{-3}{2}, \dfrac{1}{3}\right\}$

2) $\dfrac{2}{3}x^2 - \dfrac{1}{2}x - \dfrac{3}{4} = 0$ \hspace{1em} É possível obtermos uma equação equivalente a esta (equação que tem as mesmas raízes que ela), com os coeficientes a, b e c inteiros, mas vamos resolver com

$\Delta = b^2 - 4ac$

$\Delta = \left(-\dfrac{1}{2}\right)^2 - 4\left(\dfrac{2}{3}\right)\left(-\dfrac{3}{4}\right)$ \hspace{1em} $a = \dfrac{2}{3}$, $b = -\dfrac{1}{2}$ e $c = -\dfrac{3}{4}$ para comparar os modos:

$\Delta = \dfrac{1}{4} + 2 = \dfrac{9}{4}$

$x = \dfrac{-b \pm \sqrt{\Delta}}{2a} \Rightarrow x = \dfrac{-\left(-\dfrac{1}{2}\right) \pm \sqrt{\dfrac{9}{4}}}{2\left(\dfrac{2}{3}\right)} = \dfrac{\dfrac{1}{2} \pm \dfrac{3}{2}}{\dfrac{4}{3}} = \dfrac{1 \pm 3}{2} \cdot \dfrac{3}{4} \Rightarrow$

$x = \dfrac{1 + 3}{2} \cdot \dfrac{3}{4} = \dfrac{3}{2}$ ou $x = \dfrac{1 - 3}{2} \cdot \dfrac{3}{4} = -\dfrac{3}{4} \Rightarrow V = \left\{-\dfrac{3}{4}, \dfrac{3}{2}\right\}$

Outro modo: Eliminando primeiramente os denominadores

$\dfrac{2}{3}x^2 - \dfrac{1}{2}x - \dfrac{3}{4} = 0$ \hspace{0.5em} (mmc = 12) $\Rightarrow 8x^2 - 6x - 9 = 0 \Rightarrow a = 8, b = -6, c = -9$

$\Delta = b^2 - 4ac \Rightarrow \Delta = (-6)^2 - 4(8)(-9) \Rightarrow \Delta = 36 + 288 = 324$

$x = \dfrac{-b \pm \sqrt{\Delta}}{2a} \Rightarrow x = \dfrac{-(-6) \pm \sqrt{324}}{2 \cdot 8} \Rightarrow x = \dfrac{6 \pm 18}{16} \Rightarrow x = \dfrac{6 + 18}{16}$ ou $x = \dfrac{6 - 18}{16}$

$\Rightarrow x = \dfrac{24}{16}$ ou $x = \dfrac{-12}{16} \Rightarrow x = \dfrac{3}{2}$ ou $x = -\dfrac{3}{4} \Rightarrow V = \left\{-\dfrac{3}{4}, \dfrac{3}{2}\right\}$

Exemplo (continuação)

3) $-18x^2 - 3x + 6 = 0$

Na resolução é conveniente, quando possível, transformarmos a equação em uma equivalente com coeficientes inteiros, sem divisor comum e com a > 0.

$-18x^2 - 3x + 6 = 0$ Dividindo ambos os membros por (– 3) obtemos:

$6x^2 + 1x - 2 = 0 \Rightarrow a = 6, \ b = 1 \ \text{ e } \ c = -2$. Então:

$\Delta = b^2 - 4ac \Rightarrow \Delta = 1^2 - 4 \cdot 6 \cdot (-2) \Rightarrow \Delta = 1 + 48 = 49 = 7^2$

$x = \dfrac{-b \pm \sqrt{\Delta}}{2a} \Rightarrow x = \dfrac{-1 \pm 7}{2 \cdot 6} \Rightarrow x = \dfrac{6}{12} \ \text{ou} \ x = \dfrac{-8}{12} \Rightarrow x = \dfrac{1}{2} \ \text{ou} \ x = \dfrac{-2}{3} \Rightarrow \left\{\dfrac{1}{2}, \dfrac{-2}{3}\right\}$

---

4) $2x^2 - 3\sqrt{3}\,x - 6 = 0 \Rightarrow a = 2, \ b = -3\sqrt{3} \ \text{ e } \ c = -6$

$\Delta = b^2 - 4ac \Rightarrow \Delta = (-3\sqrt{3})^2 - 4(2)(-6) \Rightarrow \Delta = 27 + 48 \Rightarrow \Delta = 75 \Rightarrow \Delta = 5^2 \cdot 3$

$x = \dfrac{-b \pm \sqrt{\Delta}}{2a} \Rightarrow x = \dfrac{-(-3\sqrt{3}) \pm \sqrt{5^2 \cdot 3}}{2(2)} \Rightarrow x = \dfrac{3\sqrt{3} \pm 5\sqrt{3}}{4} \Rightarrow x = \dfrac{3\sqrt{5} + 5\sqrt{3}}{4} \ \text{ou} \ x = \dfrac{3\sqrt{5} - 5\sqrt{3}}{4} \Rightarrow$

$\Rightarrow x = \dfrac{8\sqrt{3}}{4} \ \text{ou} \ x = \dfrac{-2\sqrt{3}}{4} \Rightarrow x = 2\sqrt{3} \ \text{ou} \ x = -\dfrac{\sqrt{3}}{2} \Rightarrow V = \left\{-\dfrac{\sqrt{3}}{2}; 2\sqrt{3}\right\}$

---

5) $2x^2 + 3x - 2 = 0$ \qquad **outro modo**: \qquad $2x^2 + 3x - 2 = 0$

$x = \dfrac{-b \pm \sqrt{b^2 - 4ac}}{2a}$ \hfill $\Delta = b^2 - 4ac, \ x = \dfrac{-b \pm \sqrt{\Delta}}{2a}$

$x = \dfrac{-3 \pm \sqrt{9 + 16}}{2 \cdot 2}$ \hfill $\Delta = 9 + 16 = 25$

$x = \dfrac{-3 \pm 5}{4}$ \hfill $x = \dfrac{-3 \pm 5}{2 \cdot 2}$

$x = \dfrac{-8}{4} \ \text{ou} \ x = \dfrac{2}{4} \Rightarrow V = \left\{-2, \dfrac{1}{2}\right\}$ \hfill $x = \dfrac{-8}{4} \ \text{ou} \ x = \dfrac{2}{4} \Rightarrow V = \left\{-2, \dfrac{1}{2}\right\}$

---

6) $3x^2 - 8x - 3 = 0$ \qquad **outro modo**: \qquad $3x^2 - 8x - 3 = 0$

$x = \dfrac{-b \pm \sqrt{b^2 - 4ac}}{2a}$ \hfill $\Delta = b^2 - 4ac, \ x = \dfrac{-b \pm \sqrt{\Delta}}{2a}$

$x = \dfrac{+8 \pm \sqrt{64 + 36}}{2 \cdot 3}$ \hfill $\Delta = 64 + 36 = 100$

$x = \dfrac{8 \pm 10}{6}$ \hfill $x = \dfrac{8 \pm 10}{2 \cdot 3}$

$x = \dfrac{-2}{6} \ \text{ou} \ x = \dfrac{18}{6} \Rightarrow V = \left\{-\dfrac{1}{3}, 3\right\}$ \hfill $x = \dfrac{-2}{6} \ \text{ou} \ x = \dfrac{18}{6} \Rightarrow V = \left\{-\dfrac{1}{3}, 3\right\}$

Resp: **83** a) 49, 24 b) 0, 0 c) 49, 169 d) 289, 484 \qquad **84** a) 7, 2, –3, –4 b) $\dfrac{3}{2}, -\dfrac{3}{2}, \dfrac{3}{2}, -\dfrac{5}{6}$

c) $\dfrac{4-\sqrt{3}}{2}, \dfrac{-2+\sqrt{2}}{2}, \dfrac{-2-\sqrt{3}}{3}, \dfrac{-3-2\sqrt{3}}{2}$ \qquad d) $\dfrac{2-\sqrt{5}}{3}, \dfrac{-3-2\sqrt{2}}{2}, \dfrac{3-2\sqrt{2}}{2}, \dfrac{3-2\sqrt{2}}{4}$

e) $\dfrac{2-\sqrt{2}}{3}, \dfrac{3+\sqrt{2}}{5}, \dfrac{11-2\sqrt{3}}{9}, \dfrac{5-\sqrt{3}}{4}$

7) $3x^2 - 6x + 1 = 0$ **outro modo:** $3x^2 - 6x + 1 = 0$

$x = \dfrac{-b \pm \sqrt{b^2 - 4ac}}{2a}$ $\Delta = b^2 - 4ac, \; x = \dfrac{-b \pm \sqrt{\Delta}}{2a}$

$x = \dfrac{6 \pm \sqrt{36 - 12}}{2 \cdot 3} = \dfrac{6 \pm \sqrt{24}}{6}$ $\Delta = 36 - 12 = 24 = 4 \cdot 6$

$x = \dfrac{6 \pm 2\sqrt{6}}{6} = \dfrac{2(3 \pm \sqrt{6})}{6}$ $x = \dfrac{6 \pm 2\sqrt{6}}{2 \cdot 3} = \dfrac{2(3 \pm \sqrt{6})}{6}$

$x = \dfrac{3 \pm \sqrt{6}}{3} \Rightarrow V = \left\{\dfrac{3 + \sqrt{6}}{3}, \dfrac{3 - \sqrt{6}}{3}\right\}$ $x = \dfrac{3 \pm \sqrt{6}}{3} \Rightarrow V = \left\{\dfrac{3 + \sqrt{6}}{3}, \dfrac{3 - \sqrt{6}}{3}\right\}$

---

8) $4x^2 - 4\sqrt{3}\,x + 3 = 0$

$\Rightarrow \Delta = (-4\sqrt{3})^2 - 4 \cdot 4 \cdot 3 \Rightarrow \Delta = 48 - 48 \Rightarrow \Delta = 0$

$x = \dfrac{-b \pm \sqrt{\Delta}}{2a} \Rightarrow x = \dfrac{4\sqrt{3} \pm 0}{8} \Rightarrow x = \dfrac{\sqrt{3}}{2} \Rightarrow V = \left\{\dfrac{\sqrt{3}}{2}\right\}$

As duas raízes são iguais a $\dfrac{\sqrt{3}}{2}$

---

9) $3x^2 - 4x + 2 = 0$

$\Rightarrow \Delta = (-4)^2 - 4(3)(2) \Rightarrow \Delta = 16 - 24 \Rightarrow \Delta = -8 \Rightarrow \Delta < 0 \Rightarrow V = \varnothing$

A equação não tem raízes reais.

---

85 Determinar o discriminante ($\Delta = b^2 - 4ac$) das seguintes equações:

Obs.: Quando possível, transformá-la antes, em uma com coeficientes inteiros, simplificada.

a) $4x^2 - 7x + 2 = 0$ b) $14x^2 - 5x - 1 = 0$ c) $10x^2 - x - 3 = 0$

d) $10x^2 - 55x + 75 = 0$ e) $-18x^2 + 24x - 8 = 0$ f) $\dfrac{5}{6}x^2 + x + \dfrac{1}{4} = 0$

g) $2x^2 - 3\sqrt{5}\,x - 1 = 0$ h) $2\sqrt{2}\,x^2 - 3x - 5\sqrt{2} = 0$ i) $5x^2 - 3x + 4 = 0$

86 Dada a equação e seu discriminante ($\Delta = b^2 - 4ac$), determinar as raízes, nos casos:

a) $3x^2 + 11x - 4 = 0$ e $\Delta = 169$

b) $2x^2 - 5x - 3 = 0$ e $\Delta = 49$

c) $2x^2 - 15x + 25 = 0$ e $\Delta = 25$

d) $12x^2 - 7x - 10 = 0$ e $\Delta = 529$

e) $15x^2 - 26x + 7 = 0$ e $\Delta = 256$

f) $2x^2 + \sqrt{2}\,x - 12 = 0$ e $\Delta = 98$

g) $3x^2 - 2\sqrt{3}\,x - 4 = 0$ e $\Delta = 60$

h) $x^2 - (\sqrt{3} + \sqrt{2})x + \sqrt{6} = 0$ e $\Delta = (\sqrt{3} - \sqrt{2})^2$

87 Resolver as seguintes equações do 2º grau, aplicando Báskara.

$$\left(x = \frac{-b \pm \sqrt{b^2 - 4ac}}{2a} \quad \text{ou} \quad \Delta = b^2 - 4ac, \; x = \frac{-b \pm \sqrt{\Delta}}{2a}\right)$$

a) $5x^2 - 7x + 2 = 0$

b) $3x^2 - 11x + 6 = 0$

c) $6x^2 - x - 2 = 0$

d) $5x^2 + 17x + 6 = 0$

e) $12x^2 - 16x + 5 = 0$

f) $9x^2 - 12x + 4 = 0$

g) $5x^2 - 4x + 1 = 0$

h) $6x^2 - 11x - 10 = 0$

i) $21x^2 + 8x - 4 = 0$

j) $15x^2 + 8x - 16 = 0$

88 Resolver as seguintes equações, aplicando Báskara.

$$\left(x = \frac{-b \pm \sqrt{b^2 - 4ac}}{2a} \quad \text{ou} \quad x = \frac{-b \pm \sqrt{\Delta}}{2a}, \quad \Delta = b^2 - 4ac\right)$$

a) $3x^2 - 10x - 8 = 0$

b) $4x^2 + 13x - 12 = 0$

c) $4x^2 + 20x + 25 = 0$

d) $6x^2 - x - 15 = 0$

e) $7x^2 - 6x + 2 = 0$

f) $15x^2 + 8x - 7 = 0$

g) $18x^2 + 9x - 20 = 0$

h) $20x^2 - 17x - 10 = 0$

Resp: **85** a) 17   b) 81   c) 121   d) 1   e) 0   f) 24   g) 53   h) 89   i) –71

86 a) $\frac{1}{3}$ e –4   b) 3 e $-\frac{1}{2}$ c) 5 e $\frac{5}{2}$ d) $\frac{5}{4}$ e $-\frac{2}{3}$ e) $\frac{7}{5}$ e $\frac{1}{3}$

f) $\frac{3\sqrt{2}}{2}$ e $-2\sqrt{2}$ g) $\frac{\sqrt{3}+\sqrt{15}}{3}$ e $\frac{\sqrt{3}-\sqrt{15}}{3}$ h) $\sqrt{3}$ e $\sqrt{2}$

89 Resolver as seguintes equações, aplicando Báskara.

$$\left(x = \frac{-b \pm \sqrt{b^2 - 4ac}}{2a} \quad \text{ou} \quad x = \frac{-b \pm \sqrt{\Delta}}{2a}, \quad \Delta = b^2 - 4ac\right)$$

a) $x^2 - 6x + 7 = 0$

b) $2x^2 - 6x + 3 = 0$

c) $x^2 + 6x + 4 = 0$

d) $2x^2 + 10x + 9 = 0$

e) $4x^2 - 2x - 1 = 0$

f) $3x^2 + 6x - 1 = 0$

g) $9x^2 + 12x - 1 = 0$

h) $4x^2 - 20x + 13 = 0$

90 A equação do 2º grau completa, importantíssima, resolve-se por Báskara. É necessário saber resolvê-la de forma prática, fazendo algumas passagens mentalmente, isto depois de ter aplicado a fórmula, escrevendo detalhamente as passagens, diversas vezes. Observe o exmplo e depois resolva os propostos. Fazer o mais simplificado possível. Deixar sempre o coeficiente de x^2, positivo.

$3x^2 + 7x - 6 = 0$ (trocar)

$\Delta =$ [quadrado de 7] $+$ [4 vezes $3 \cdot 6$] $=$

$x = \dfrac{[\text{trocar o sinal de 7}] \pm [\text{raiz quadrada do } \Delta]}{[\text{dobro de 3}]}$

$3x^2 + 7x - 6 = 0$ (trocar)

$\Delta = \underbrace{\quad}\underbrace{\quad} =$

$x = \dfrac{\pm}{}$

$3x^2 + 7x - 6 = 0$

$\Delta = 49 + 72 = 121$

$x = \dfrac{-7 \pm 11}{6}$ ⟨ -3 ; $\dfrac{2}{3}$

a) $3x^2 + 7x - 6 = 0$

$\Delta = \underbrace{\quad}\underbrace{\quad} =$

$x = \dfrac{\pm}{}$

b) $2x^2 + 5x - 12 = 0$

$\Delta = \underbrace{\quad}\underbrace{\quad} =$

$x = \dfrac{\pm}{}$

c) $2x^2 - 5x - 12 = 0$

d) $3x^2 + 2x - 8 = 0$

e) $3x^2 - 2x - 8 = 0$

f) $3x^2 - 17x + 10 = 0$

g) $3x^2 - 20x - 7 = 0$

h) $5x^2 + 7x - 6 = 0$

i) $7x^2 - 30x + 8 = 0$

j) $4x^2 + 25x + 6 = 0$

k) $5x^2 - 32x + 12 = 0$

l) $5x^2 - 7x - 6 = 0$

Resp: **87** a) $\left\{\dfrac{2}{5}, 1\right\}$ b) $\left\{\dfrac{2}{3}, 3\right\}$ c) $\left\{-\dfrac{1}{2}, \dfrac{2}{3}\right\}$ d) $\left\{-3, -\dfrac{2}{5}\right\}$ e) $\left\{\dfrac{1}{2}, \dfrac{5}{6}\right\}$ f) $\left\{\dfrac{2}{3}\right\}$ g) $\emptyset$ h) $\left\{-\dfrac{2}{3}, \dfrac{5}{2}\right\}$ i) $\left\{-\dfrac{2}{3}, \dfrac{2}{7}\right\}$ j) $\left\{-\dfrac{4}{3}, \dfrac{4}{5}\right\}$ **88** a) $\left\{-\dfrac{2}{3}, 4\right\}$ b) $\left\{-4, \dfrac{3}{4}\right\}$ c) $\left\{-\dfrac{5}{2}\right\}$ d) $\left\{-\dfrac{3}{2}, \dfrac{5}{3}\right\}$ e) $\emptyset$ f) $\left\{-1, \dfrac{7}{15}\right\}$ g) $\left\{-\dfrac{4}{3}, \dfrac{5}{6}\right\}$ h) $\left\{-\dfrac{2}{5}, \dfrac{5}{4}\right\}$

91 Resolver as seguintes equações

a) $2x^2 - 7x + 5 = 0$

b) $3x^2 - 11x + 10 = 0$

c) $3x^2 + 13x - 10 = 0$

d) $8x^2 + 10x - 3 = 0$

e) $6x^2 + 13x - 5 = 0$

f) $3x^2 + 23x - 8 = 0$

g) $6x^2 - 7x - 3 = 0$

h) $3x^2 - 13x - 10 = 0$

f) $5x^2 + 34x + 24 = 0$

j) $3x^2 + 29x + 40 = 0$

k) $21x^2 - 41x + 10 = 0$

l) $3x^2 - 16x - 12 = 0$

m) $20x^2 + 43x + 14 = 0$

n) $3x^2 - x - 14 = 0$

o) $20x^2 + x - 1 = 0$

p) $3x^2 + x - 24 = 0$

q) $3x^2 - 16x - 12 = 0$

r) $6x^2 + 7x - 3 = 0$

92 Resolver as seguintes equações:

a) $2x^2 - 7\sqrt{3}\,x + 18 = 0$

b) $6x^2 + \sqrt{5}\,x - 10 = 0$

c) $12x^2 - 5\sqrt{2}\,x - 4 = 0$

d) $6x^2 - 5\sqrt{3}\,x - 18 = 0$

93 Resolver as seguintes equações:

a) $14x^2 - 35x - 21 = 0$

b) $-18x^2 - 3x + 36 = 0$

c) $5x^2 - 11x - 9 = x - 13 - 4x^2$

d) $25x^2 - 8x - 58 = x^2 - 62x - 4$

Resp: **89** a) $\{3 \pm \sqrt{2}\}$ b) $\left\{\dfrac{3 \pm \sqrt{3}}{2}\right\}$ c) $\{-3 \pm \sqrt{5}\}$ d) $\left\{\dfrac{-5 \pm \sqrt{7}}{2}\right\}$ e) $\left\{\dfrac{1 \pm \sqrt{5}}{4}\right\}$ f) $\left\{\dfrac{-3 \pm 2\sqrt{3}}{3}\right\}$ g) $\left\{\dfrac{-2 \pm \sqrt{5}}{3}\right\}$

h) $\left\{\dfrac{5 \pm 2\sqrt{3}}{2}\right\}$ **90** a) $\left\{\dfrac{-2}{3}, 3\right\}$ b) $\left\{\dfrac{3}{2}, -4\right\}$ c) $\left\{\dfrac{-3}{2}, 4\right\}$ d) $\left\{-2, \dfrac{4}{3}\right\}$ e) $\left\{-\dfrac{4}{3}, 2\right\}$

f) $\left\{\dfrac{2}{3}, 5\right\}$ g) $\left\{-\dfrac{1}{3}, 7\right\}$ h) $\left\{-2, \dfrac{3}{5}\right\}$ i) $\left\{\dfrac{2}{7}, 4\right\}$ j) $\left\{-6, -\dfrac{1}{4}\right\}$ k) $\left\{\dfrac{2}{5}, 6\right\}$ l) $\left\{-\dfrac{3}{5}, 2\right\}$

94 Resolver as seguintes equações:

a) $2x(3x^2 - 2x - 1) - 3(2x^3 - 2x^2 - x + 2) = (3x + 1)(2x - 1) + 8(x + 1)(x - 1) - 1$

b) $(2x - 3)^2 - 3(x + 3)(x - 3) - (2 - 3x)(2 + 3x) = (3x - 2)^2 - x(5x - 3) + 58$

c) $(3x - 4)(2x^2 - x - 1) - (x + 1)(2x^2 - 3) = (2x + 3)(2x^2 + 3x - 2) + 44x + 3$

d) $3\sqrt[3]{17}\,(2x^2 - 5x + 2)^6 + 2\sqrt{17}\,(3x^2 - 4x - 4)^4 + 12(6x^2 - 9x - 6)^2 = 0$

95 Resolver as seguintes equações: **Obs:** Não efetuar as multiplicações.

a) $2(2x-17)^2 - 3(2x-17) - 5 = 0$

b) $24\left(2x - \dfrac{13}{3}\right)^2 + 2\left(2x - \dfrac{13}{3}\right) - 12 = 0$

c) $2(x^2-8)^2 + 15(x^2-8) - 17 = 0$

d) $36(x^2-3x)^2 + 101(x^2-3x) + 70 = 0$

e) $3(2x^2 + 5x - 7)^2 - 69(2x^2 + 5x - 7) + 270 = 0$

Resp: **91** a) $\left\{1, \dfrac{5}{2}\right\}$ b) $\left\{\dfrac{5}{3}, 2\right\}$ c) $\left\{-5, \dfrac{2}{3}\right\}$ d) $\left\{\dfrac{-3}{2}, \dfrac{1}{4}\right\}$ e) $\left\{\dfrac{-5}{2}, \dfrac{1}{3}\right\}$ f) $\left\{-8, \dfrac{1}{3}\right\}$ g) $\left\{-\dfrac{1}{3}, \dfrac{3}{2}\right\}$ h) $\left\{-\dfrac{2}{3}, 5\right\}$

i) $\left\{-6, \dfrac{-4}{5}\right\}$ j) $\left\{-8, \dfrac{-5}{3}\right\}$ k) $\left\{\dfrac{2}{7}, \dfrac{5}{3}\right\}$ l) $\left\{-\dfrac{2}{3}, 6\right\}$ m) $\left\{-\dfrac{7}{4}, \dfrac{-2}{5}\right\}$ n) $\left\{-2, \dfrac{7}{3}\right\}$ o) $\left\{-\dfrac{1}{4}, \dfrac{1}{5}\right\}$ p) $\left\{\dfrac{8}{3}, -3\right\}$

q) $\left\{\dfrac{2}{3}, -6\right\}$ r) $\left\{-\dfrac{3}{2}, \dfrac{1}{3}\right\}$ **92** a) $\left\{\dfrac{3\sqrt{3}}{2}, 2\sqrt{3}\right\}$ b) $\left\{-\dfrac{2\sqrt{5}}{3}, \dfrac{\sqrt{5}}{2}\right\}$ c) $\left\{-\dfrac{\sqrt{2}}{4}, \dfrac{2\sqrt{2}}{3}\right\}$ d) $\left\{-\dfrac{2\sqrt{3}}{3}, \dfrac{3\sqrt{3}}{2}\right\}$

93 a) $\left\{-\dfrac{1}{2}, 3\right\}$ b) $\left\{-\dfrac{3}{2}, \dfrac{4}{3}\right\}$ c) $\left\{\dfrac{2}{3}\right\}$ d) $\left\{-3, \dfrac{3}{4}\right\}$

96 Resolver as seguintes equações

a) $7x^2 - 2x = 0$
b) $8x - 5x^2 = 0$
c) $4x^2 + 10x = 0$
d) $5x^2 = 2x$
e) $7x = 14x^2$
f) $20x^2 - 30x = 0$
g) $x^2 - 20 = 0$
h) $x^2 + 16 = 0$
i) $x^2 - 52 = 0$
j) $4x^2 - 9 = 0$
k) $2x^2 = 3$
l) $4x^2 = 5$

97 Resolver as seguintes equações

a) $2x^2 - 13x + 18 = 0$
b) $4x^2 + 31x - 8 = 0$
c) $5x^2 + 42x - 27 = 0$
d) $3x^2 - 22x + 35 = 0$
e) $2x^2 + 9x - 56 = 0$
f) $4x^2 + 27x + 35 = 0$

98 Resolver as seguintes equações

a) $x^2 - 5\sqrt{2}\,x + 12 = 0$
b) $x^2 - \sqrt{3}\,x - 18 = 0$
c) $x^2 - (2\sqrt{2} - 1)x + 2 - \sqrt{2} = 0$
d) $x^2 - (2\sqrt{3} + 2)x + 2\sqrt{3} + 3 = 0$
e) $2x^2 - 2\sqrt{3}\,x + \sqrt{6} - 1 = 0$
f) $x^2 - x + 3\sqrt{3} - 5 = 0$
g) $x^2 - (4\sqrt{3} - 2)x + 9 - 4\sqrt{3} = 0$
h) $x^2 - 4\sqrt{2}\,x - 1 = 0$
i) $x^2 - (2\sqrt{5} + 2)x + 2\sqrt{5} + 2 = 0$
j) $4x^2 - 4\sqrt{3}\,x + 2\sqrt{3} - 1 = 0$
k) $x^2 - (\sqrt{5} - 1)x + 4\sqrt{5} - 12 = 0$
l) $x^2 - 4\sqrt{2}\,x + 4 - 2\sqrt{3} = 0$

99 Resolver as seguintes equações

a) $6\left(\dfrac{3x+1}{5} - 3\right)^2 - 7\left(\dfrac{3x+1}{5} - 3\right) - 3 = 0$
b) $(2x^2 + 3x + 2)^2 - 6(2x^2 + 3x + 2) + 8 = 0$

c) $(4x^2 + 8x + 5)^2 - 3(4x^2 + 8x + 1) - 10 = 0$

d) $(2x - 3)^3 - (2x - 3)(4x^2 + 6x + 9) = (3x - 1)(2x + 3) + 33x - 25$

e) $\dfrac{x+2}{2}\left(\dfrac{x+3}{6} - \dfrac{6x-7}{3}\right) = \left(\dfrac{x-4}{6} - \dfrac{x+2}{3} - \dfrac{x+1}{2}\right)\dfrac{2x+1}{3}$

f) $(3x^2 - 8x - 2)^2 + (3x^2 - 8x - 2)^2 - 2 = 0$
g) $(5x^2 - 7x - 20)^2 + 40x^2 - 56x - 468 = 0$

Resp: **94** a) $\left\{-\frac{1}{2},\frac{2}{3}\right\}$ b) $\left\{-2,\frac{5}{2}\right\}$ c) $\left\{-2,\frac{1}{5}\right\}$ d) $\{2\}$ **95** a) $\left\{8,\frac{39}{4}\right\}$ b) $\left\{\frac{43}{24},\frac{5}{2}\right\}$ c) $\{\pm 3\}$ d) $\left\{\frac{1}{2},\frac{2}{3},\frac{7}{3},\frac{5}{2}\right\}$
e) $\left\{-5,-4,\frac{3}{2},\frac{5}{2}\right\}$ **96** a) $\left\{0,\frac{2}{7}\right\}$ b) $\left\{0,\frac{8}{5}\right\}$ c) $\left\{0,\frac{-5}{2}\right\}$ d) $\left\{0,\frac{2}{5}\right\}$ e) $\left\{0,\frac{1}{2}\right\}$ f) $\left\{0,\frac{3}{2}\right\}$
g) $\{\pm 2\sqrt{5}\}$ h) $S = \varnothing$ i) $\{\pm 2\sqrt{13}\}$ j) $\left\{\pm\frac{3}{2}\right\}$ k) $\left\{\pm\frac{\sqrt{6}}{2}\right\}$ l) $\left\{\pm\frac{\sqrt{5}}{2}\right\}$ **97** a) $\left\{-2,\frac{9}{2}\right\}$
b) $\left\{-8,\frac{1}{4}\right\}$ c) $\left\{-9,\frac{3}{5}\right\}$ d) $\left\{\frac{7}{3},5\right\}$ e) $\left\{-8,\frac{7}{2}\right\}$ f) $\left\{-5,-\frac{7}{4}\right\}$ **98** a) $\{3\sqrt{2},2\sqrt{2}\}$
b) $\{-2\sqrt{3},3\sqrt{3}\}$ c) $\{\sqrt{2},\sqrt{2}-1\}$ d) $\{\sqrt{3},\sqrt{3}+2\}$ e) $\left\{\frac{\sqrt{2}}{2},\frac{2\sqrt{3}-\sqrt{2}}{2}\right\}$ f) $\{\sqrt{3}-1,-\sqrt{3}+2\}$
g) $\{2\sqrt{3}-3,2\sqrt{3}+1\}$ h) $\{2\sqrt{2}+3,2\sqrt{2}-3\}$ i) $\{\sqrt{5}+3,\sqrt{5}-1\}$ j) $\left\{\frac{1}{2},\frac{2\sqrt{3}-1}{2}\right\}$ k) $\{2\sqrt{5}-2,-\sqrt{5}+1\}$
l) $\{2\sqrt{2}+\sqrt{3}+1,2\sqrt{2}-\sqrt{3}-1\}$ **99** a) $\left\{\frac{43}{6},\frac{37}{9}\right\}$ b) $\left\{-2,-\frac{3}{2},0,\frac{1}{2}\right\}$ c) $\left\{-\frac{3}{2},-\frac{1}{2},-1\right\}$
d) $\left\{-\frac{2}{3},1\right\}$ e) $\left\{4,-\frac{31}{17}\right\}$ f) $\left\{-\frac{1}{3},0,\frac{8}{3},3\right\}$ g) $\left\{-2,\frac{2}{5},1,\frac{17}{5}\right\}$

III - FUNÇÃO POLINOMIAL DO 2º GRAU (FUNÇÃO QUADRÁTICA)

No estudo de função polinomial do 2º grau, também chamada função quadrática, aprende-se determinar o valor máximo ou mínimo de expressões do 2º grau com uma variável, o que nos permite resolver problemas do tipo:

- Um triângulo ABC tem lado BC = 18 cm e altura relativa a BC igual a 24 cm. Um retângulo com um lado sobre BC está inscrito neste triângulo. Quanto mede este lado do retângulo sobre BC, para que retângulo tenha área máxima.

- Um grupo de estudantes de no máximo 60 pessoas alugou um ônibus de 60 lugares para fazer uma escursão, combinando com a empresa de ônibus que cada passageiro pagaria R$ 80,00 pela sua passagem e mais R$ 2,00 por cada poltrona vazia. Determinar o número de passageiros presentes para que o faturamento da empresa, nesta viagem, seja o maior possível.

1 – Definição

A função $f: \mathbb{R} \to \mathbb{R}$ definida por $f(x) = ax^2 + bx + c$ (ou $y = ax^2 + bx + c$) com a, b e c sendo números reais com $a \neq 0$ é chamada **função quadrática** ou função polinomial do 2º grau.

Exemplos: $f(x) = 2x^2 - 5x + 3$; $f(x) = 2x^2 - 16x$; $f(x) = 4x^2$

$f(x) = -3x^2 + 7x - 4$; $f(x) = \frac{1}{4}x^2 + 10$; $f(x) = 2x^2 - 8$

O domínio desta função é $D = \mathbb{R}$. A imagem, vai ser visto adiante.

2 – Parábola

Dada uma reta **d** e um ponto **F** não pertencente a **d**, o conjunto dos pontos, do plano de **d** e **F**, que são equidistante de **d** e **F** é chamado parábola.

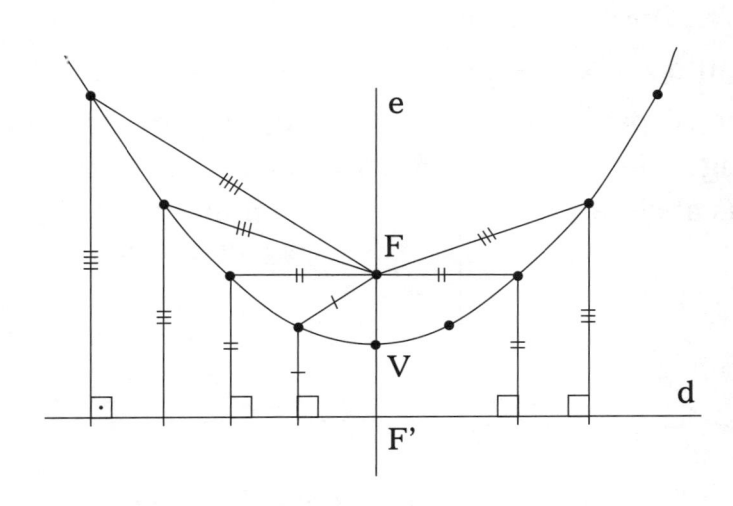

- A reta **d** é chamada diretriz da parábola.
- O ponto **F** é chamado foco da parábola.
- A reta **e** conduzida por **F** e perpendicular à reta **d** é o eixo de simetria da parábola.
- Sendo F' a projeção ortogonal de F sobre **d**, o ponto médio V de FF' é chamado vértice da parábola.
- FF' é chamado parâmetro da parábola.

3 – Gráfico da função quadrática

Prova-se que o gráfico de uma função quadrática $y = ax^2 + bx + c$ é uma parábola. O estudo de parábolas envolvendo foco, diretriz e parâmetro é visto em um assunto chamado **geometria analítica**, normalmente estudado no terceiro ano do ensino médio. Nesta abordagem vamos voltar nossa atenção para o vértice, eixo de simetria, as raízes de **f**, os intervalos nas quais ela é crescente, decrescente, positiva, negativa e os valores máximo e mínimo de **f**, conforme for o caso.

Observar:

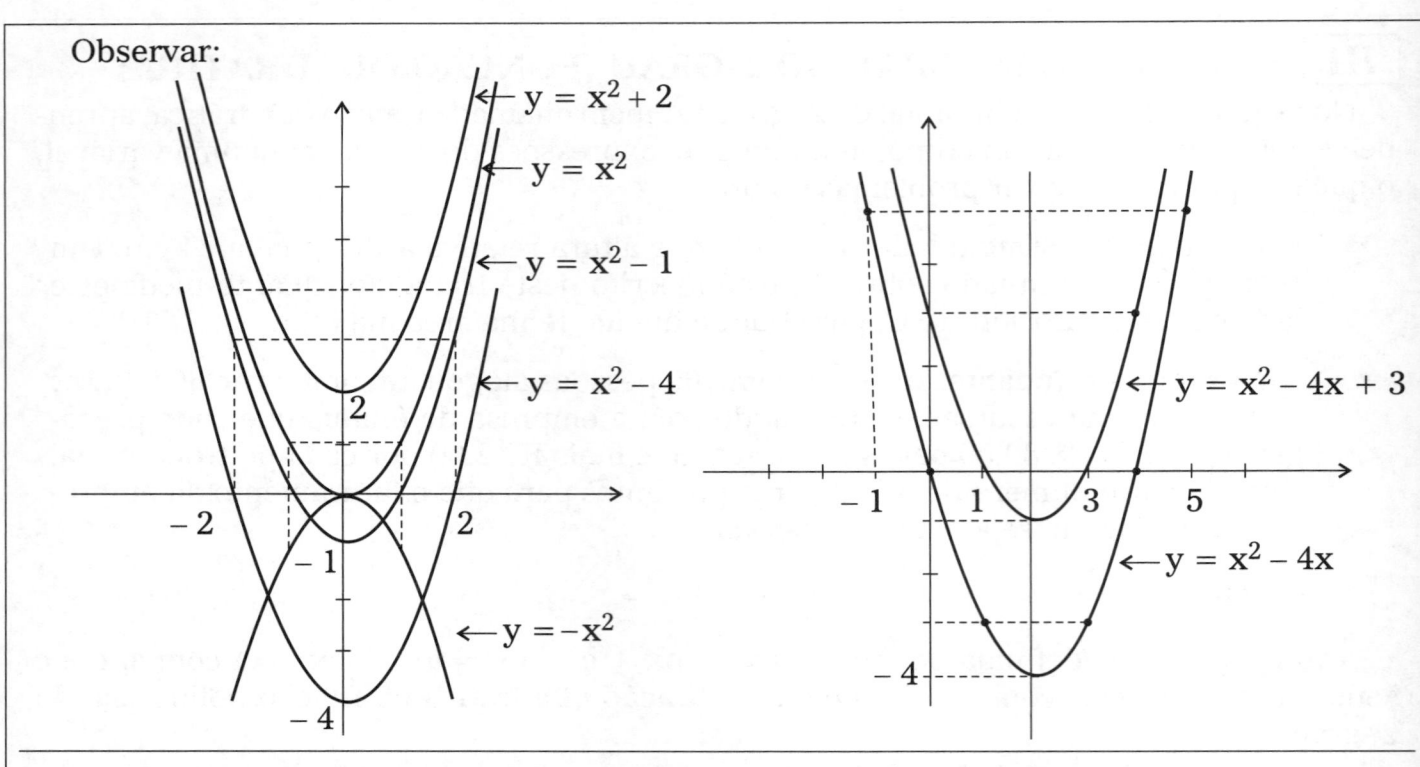

4 – Concavidade da parábola e raízes da função quadrática

De acordo com o sinal de a da função $f(x) = ax^2 + bx + c$, prova-se que:

$a > 0 \Leftrightarrow$ a concavidade está voltada para cima

$a < 0 \Leftrightarrow$ a concavidade está voltada para baixo

Dada a função quadrática $f(x) = ax^2 + bx + c$, se $f(x) = 0$, obtemos $ax^2 + bx + x = 0$. Se o discriminante (Δ) desta equação for maior ou igual a zero ela terá duas raízes reais, e essas raízes são chamadas raízes da função quadrática $f(x) = ax^2 + bx + c$. Se o discriminante (Δ) for menor que zero, não existe x real que torne $f(x) = 0$. Neste casos dizemos que o gráfico da parábola não corta o eixo x. Observe os casos.

Para facilitar vamos suprimir, por enquanto, o eixo das ordenadas (eixo dos y).

$a > 0 \Leftrightarrow$ " boca" para cima $\Delta > 0 \Leftrightarrow$ corta o eixo das abcissas	$a > 0 \Leftrightarrow$ " boca" para cima $\Delta = 0 \Leftrightarrow$ tangencia o eixo das abcissas	$a > 0 \Leftrightarrow$ " boca" para cima $\Delta < 0 \Leftrightarrow$ não tem ponto em comum com o eixo das abcissas
Raízes x' e x" distintas	**Raízes x' e x" iguais**	**Não tem raízes reais**
$a < 0 \Leftrightarrow$ " boca" para baixo $\Delta > 0$	$a < 0 \Leftrightarrow$ " boca" para baixo $\Delta = 0$	$a < 0 \Leftrightarrow$ " boca" para baixo $\Delta < 0$
Raízes x' e x" distintas	**Raízes x' e x" iguais**	**Não tem raízes reais**

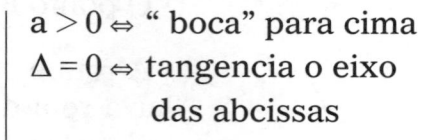

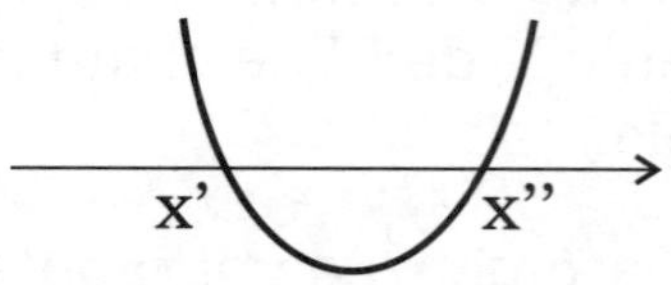

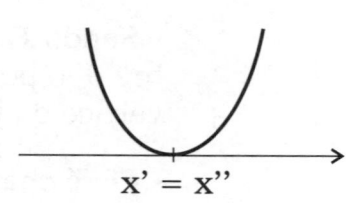

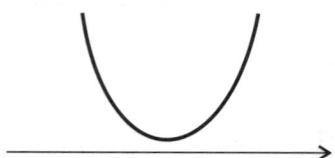

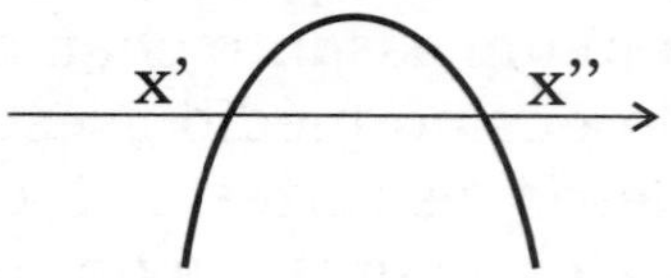

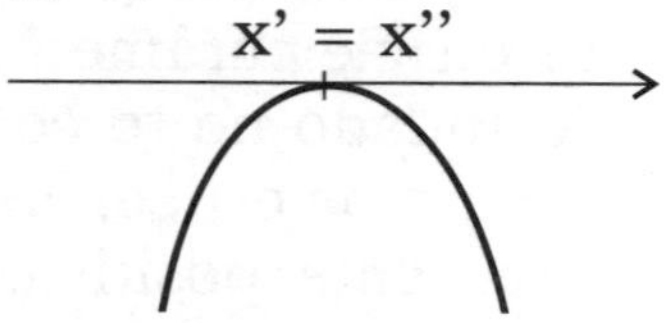

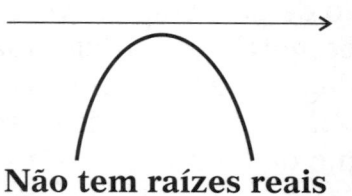

5 – Vértice da parábola e valor máximo ou valor mínimo

O vértice da parábola é o ponto dela que pertence ao eixo de simetria e a ordenada dele é o valor máximo da função se a for negativo e é o valor mínimo da função se a for positivo.

Prova-se que o vértice da parábola da função quadrática $y = ax^2 + bx + c$ é dado pelas coordenadas:

$x_v = \dfrac{-b}{2a}$ e $y_v = \dfrac{-\Delta}{4a}$, onde $\Delta = b^2 - 4ac$

Então: $V = \left(\dfrac{-b}{2a}, \dfrac{-\Delta}{4a} \right)$

Se $a > 0$, $\dfrac{-\Delta}{4a}$ é o valor mínimo de $f(x) = ax^2 + bx + c$

Se $a < 0$, $\dfrac{-\Delta}{4a}$ é o valor máximo de $f(x) = ax^2 + bx + c$

Observar: $V = \left(\dfrac{-b}{2a}, \dfrac{-\Delta}{4a} \right)$ $\qquad$ $V = \left(\dfrac{-b}{2a}, \dfrac{-\Delta}{4a} \right)$

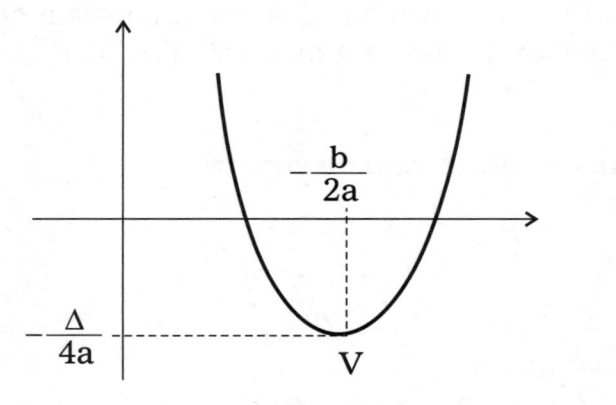

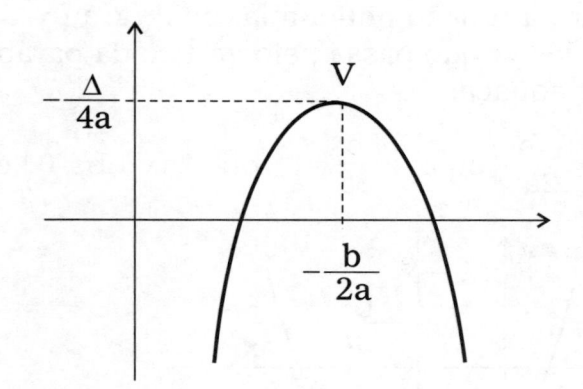

Nenhuma ordenada abaixo de $\qquad$ Nenhuma ordenada acima de

$\dfrac{-\Delta}{4a}$ é imagem de algum x de $y = f(x)$ $\qquad$ $\dfrac{-\Delta}{4a}$ é imagem de algum x de $y = f(x)$

Então: $V_{mínimo} = \dfrac{-\Delta}{4a}$ $\qquad$ Então: $V_{máximo} = \dfrac{-\Delta}{4a}$

6 – Ponto de interseção da parábola $y = ax^2 + bx + c$ com os eixos coordenados

I) $x = 0 \Rightarrow y = a(0)^2 + b(0) + c \Rightarrow y = c \Rightarrow (0, c) \in f$

A parábola corta o eixo das ordenadas no ponto $(0, c)$

II) $y = 0 \Rightarrow 0 = ax^2 + bx + c \Rightarrow ax^2 + bx + c = 0$

$\Delta > 0$ e x' e x'' são as raízes de $f(x) \Rightarrow (x', 0) \in f$ e $(x'', 0) \in f$

A parábola corta o eixo das abscissas nos pontos $(x', 0)$ e $(x'', 0)$.

Δ = 0 e x' é raiz de f(x) ⇒ (x', 0) ∈ f

A parábola tangencia o eixo das absissas no ponto (x', 0).

Este ponto (x', 0) é também o vértice da parábola. V = (x', 0).

Δ < 0 ⇒ não há raízes reais ⇒ A parábola não tem ponto em comum com o eixo das abscissas.

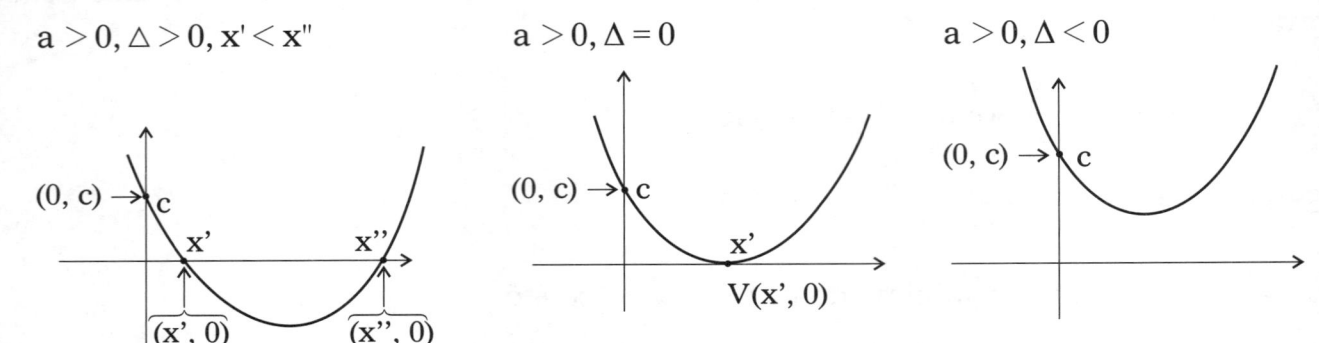

a > 0, Δ > 0, x' < x"   a > 0, Δ = 0   a > 0, Δ < 0

Note que o gráfico da função quadrática $f(x) = ax^2 + bx + c$ sempre corta o eixo das ordenadas (eixo dos y) no ponto (0, c). E que nem sempre ele corta o eixo das abscissas (eixo dos x).

7 – Eixo de simetria do gráfico da função quadrática

Para a função polinomial do 2º grau $y = ax^2 + bx + c$, a reta vertical (reta paralela ao eixo dos y) que passa pelo vértice da parábola é o eixo de simetria da parábola. Dizemos que a equação.

$x = \dfrac{-b}{2a}$ (ou $x + \dfrac{b}{2a} = 0$ ou $2ax + b = 0$) é a equação deste eixo de simetria.

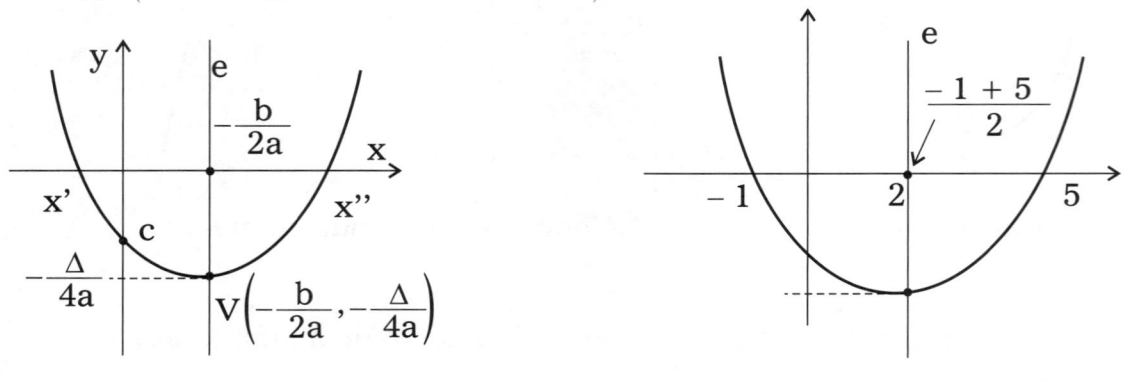

Obs.: 1) Sabemos que a soma das raízes de $ax^2 + bx + c = 0$ é $-\dfrac{b}{a}$. Então, note que $-\dfrac{b}{2a}$ é a metade da soma das raízes. Então o eixo de simetria passa pelo ponto médio do segmento determinado no eixo das absissas pelas raízes da função $y = ax^2 + bx + c$

2) A equação do eixo de simetria na segunda figura é x = 2 ou x – 2 = 0

E observe que $2 = \dfrac{-1+5}{2}$

3) Quando b = 0 ($y = ax^2$ ou $y = ax^2 + c$) o eixo de simetria da parábola é o próprio eixo das ordenadas (eixo dos y).

4) Se a e b tiverem **sinais iguais** o eixo de simetria está **à esquerda** do eixo das ordenadas.

Se a e b tiverem **sinais diferentes** o eixo de simetria está **à direita** do eixo das ordenadas.

8 – Imagem da função quadrática

A imagem da função do 2º grau $y = f(x) = ax^2 + bx + c$ é o conjunto das ordenadas dos pares que pertencem a f.

$Im = \{y \in \mathbb{R} | (x, y) \in f\}$

É o conjunto representado na reta dos números reais pela projeção ortogonal da parábola sobre o eixo das ordenados (eixo dos y).

$a > 0 \Rightarrow$ Valor mínimo igual a $\dfrac{-\Delta}{4a}$

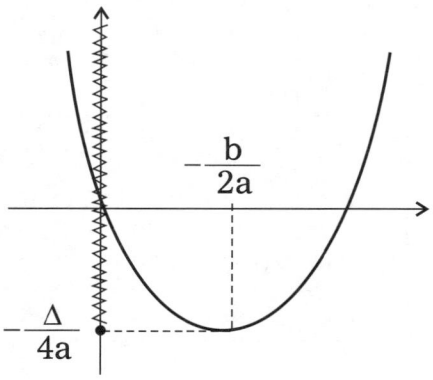

$a < 0 \Rightarrow$ Valor máximo igual a $\dfrac{-\Delta}{4a}$

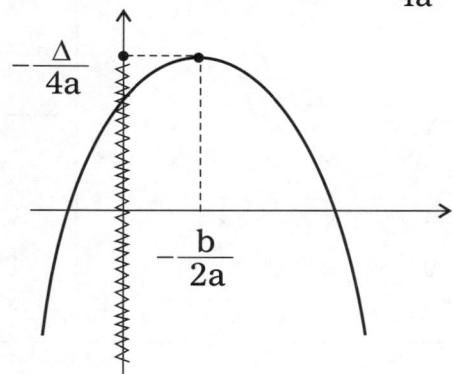

$\boxed{a > 0} \Leftrightarrow Im = \left\{y \in \mathbb{R} | y \geqslant \dfrac{-\Delta}{4a}\right\}$

$Im = \left[\dfrac{-\Delta}{4a}, +\infty\right[$

$\boxed{a < 0} \Leftrightarrow Im = \left\{y \in \mathbb{R} | y \leqslant \dfrac{-\Delta}{4a}\right\}$

$Im = \left]-\infty, \dfrac{-\Delta}{4a}\right]$

9 – Intervalos nos quais é crescente e decrescente

Considere a função polinomial do 2º grau $y = f(x) = ax^2 + bx + c$ e observe os intervalos nas quais ela é crescente e os nas quais ela é decrescente.

$a > 0 \Rightarrow$ decrescente à esquerda de $-\dfrac{b}{2a}$ e crescente à direita.

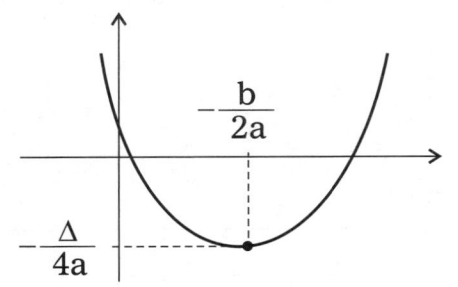

$a < 0 \Rightarrow$ crescente à esquerda de $-\dfrac{b}{2a}$ e decrescente à direita.

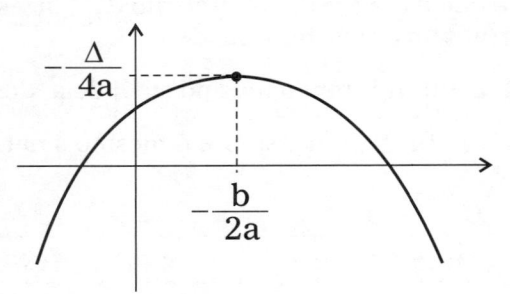

f é decrescente para $x \leqslant -\dfrac{b}{2a}$

f é crescente para $x \geqslant -\dfrac{b}{2a}$

f é crescente para $x \leqslant -\dfrac{b}{2a}$

f é decrescente para $x \geqslant -\dfrac{b}{2a}$

Obs.: $\boxed{a > 0} \Rightarrow$ f é decrescente em qualquer subconjunto de $\left]-\infty, \dfrac{-b}{2a}\right]$ e crescente em qualquer subconjunto de $\left[\dfrac{-b}{2a}, +\infty\right[$.

$\boxed{a < 0} \Rightarrow$ f é crescente em qualquer subconjunto de $\left]-\infty, \dfrac{-b}{2a}\right]$ e decrescente em qualquer subconjunto de $\left[\dfrac{-b}{2a}, +\infty\right[$.

10 – Variação do sinal da função quadrática

Consideremos a função quadrática $y = f(x) = ax^2 + bx + c$. Observar o estudo da variação do sinal de $f(x)$ em $\mathbb{R}$, nos casos $a > 0$ e $a < 0$ e em cada caso, as possibilidades $\Delta > 0$, $\Delta = 0$ e $\Delta < 0$.

1º caso:

I) $a > 0, \Delta > 0, x' < x''$

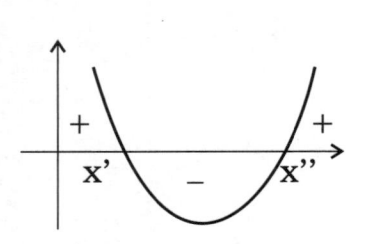

$f(x) = 0 \Leftrightarrow x = x' \lor x = x''$
$f(x) < 0 \Leftrightarrow x' < x < x''$
$f(x) > 0 \Leftrightarrow x < x' \lor x > x''$

II) $a > 0, \Delta = 0$

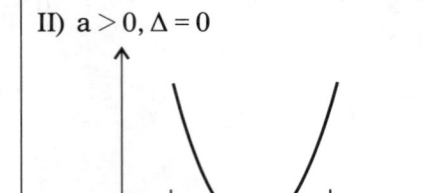

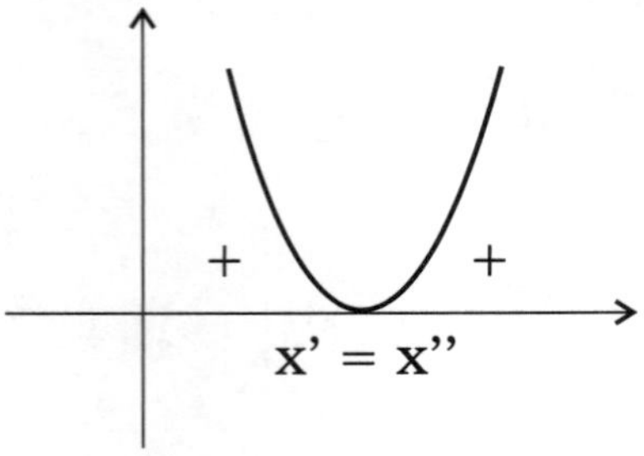

$f(x) = 0 \Leftrightarrow x = x'$
$f(x) > 0 \Leftrightarrow x \neq x', x \in \mathbb{R}$

III) $a > 0, \Delta < 0$

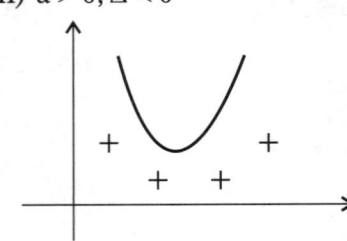

$f(x) > 0, \forall x \in \mathbb{R}$

2º caso:

I) $a < 0, \Delta > 0, x' < x''$

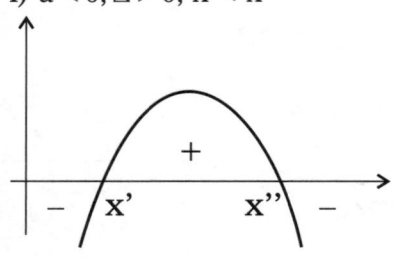

$f(x) = 0 \Leftrightarrow x = x' \lor x = x''$
$f(x) < 0 \Leftrightarrow x < x' \lor x > x''$
$f(x) > 0 \Leftrightarrow x' < x < x''$

II) $a < 0, \Delta = 0$

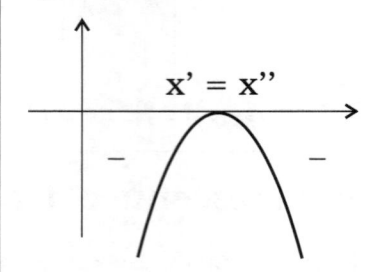

$f(x) = 0 \Leftrightarrow x = x'$
$f(x) < 0 \Leftrightarrow x \neq x', x \in \mathbb{R}$

III) $a < 0, \Delta < 0$

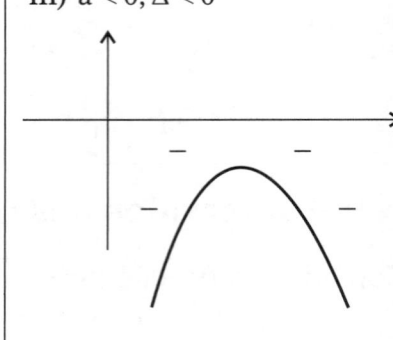

$f(x) < 0, \forall x \in \mathbb{R}$

Note que para $\Delta > 0$, no intervalo das raízes $f(x)$ tem o sinal contrário ao de **a** e que fora do intervalo das raízes $f(x)$ tem o mesmo sinal de **a**.

Para $\Delta = 0$, $f(x)$ tem o mesmo sinal de **a**, dos dois lados da raiz.

Para $\Delta < 0$, $f(x)$ tem sempre o mesmo sinal de **a**.

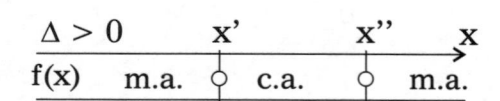

$\Delta > 0$	x'	x''	x
f(x)	m.a. ○ c.a. ○ m.a.		

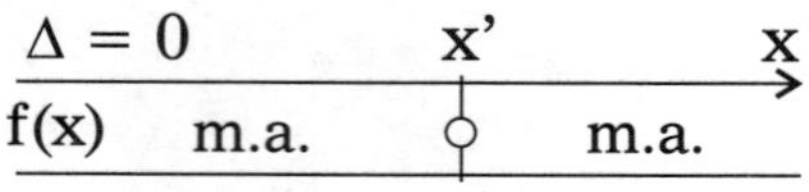

$\Delta = 0$	x'	x
f(x)	m.a. ○ m.a.	

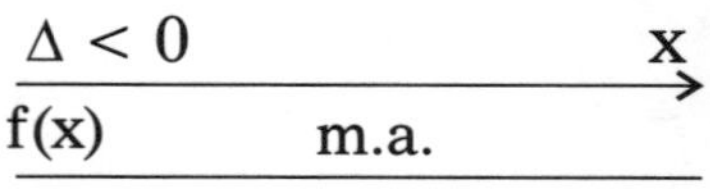

$\Delta < 0$	x
f(x)	m.a.

1º caso: $a > 0$

$\Delta > 0 \Rightarrow f(x)$: $+$ ○ (x') $-$ ○ (x'') $+$

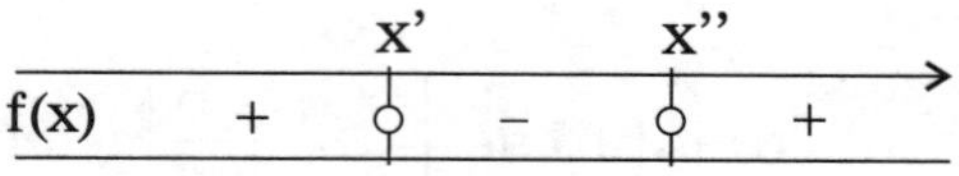

$\Delta = 0 \Rightarrow f(x)$: $+$ ○ (x' = x'') $+$

$\Delta < 0 \Rightarrow f(x)$: $+$

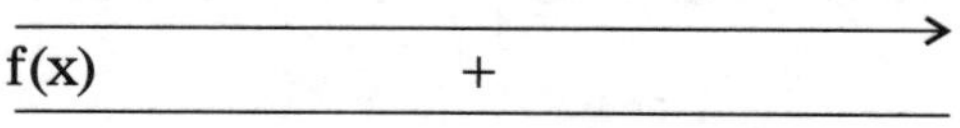

2º caso: $a < 0$

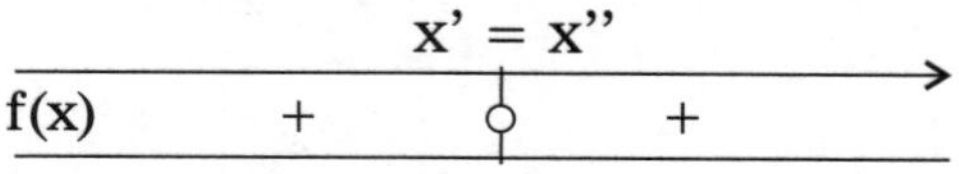

$\Delta > 0 \Rightarrow f(x)$: $-$ ○ (x') $+$ ○ (x'') $-$

$\Delta = 0 \Rightarrow f(x)$: $-$ ○ (x' = x'') $-$

$\Delta < 0 \Rightarrow f(x)$: $-$

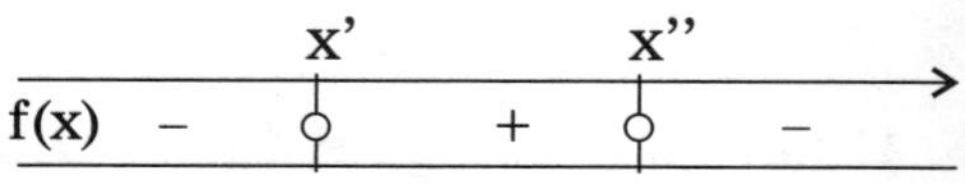

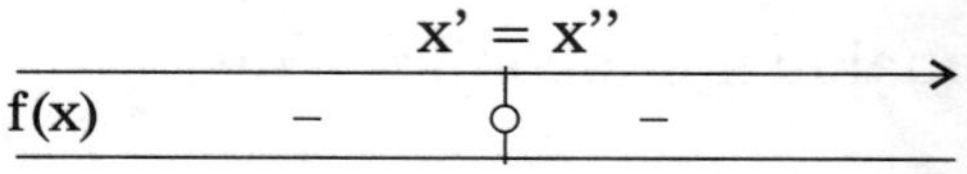

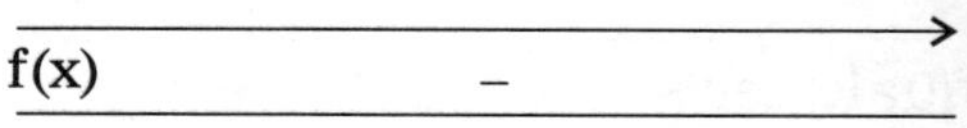

Exemplo 1: Dada a função polinomial do 2º grau $f(x) = 2x^2 + 5x - 3$, determinar as imagens pedidas e o par em questão, pertencente a f.

a) $f(0)$
$f(0) = 2(0)^2 + 5(0) - 3$
$f(0) = -3 \Rightarrow (0, -3) \in f$

b) $f\left(\dfrac{1}{2}\right)$
$f\left(\dfrac{1}{2}\right) = 2\left(\dfrac{1}{2}\right)^2 + 5\left(\dfrac{1}{2}\right) - 3$
$f\left(\dfrac{1}{2}\right) = \dfrac{1}{2} + \dfrac{5}{2} - 3 = 3 - 3$
$f\left(\dfrac{1}{2}\right) = 0 \Rightarrow \left(\dfrac{1}{2}, 0\right) \in f$

c) $f(5)$
$f(5) = 2(5)^2 + 5(5) - 3$
$f(5) = 50 + 25 - 3$
$f(5) = 72 \Rightarrow (5, 72) \in f$

Exemplo 2: Dada uma função quadrática, determinar o ponto onde o gráfico de f corta o eixo das ordenadas, nos casos:

a) $f(x) = 2x^2 - 7x - 8$
$x = 0 \Rightarrow y = -8 \Rightarrow (0, -8)$

b) $y = -3x^2 + 16$
$x = 0 \Rightarrow y = 16 \Rightarrow (0, 16)$

c) $y = \dfrac{7}{3}x^2$
$x = 0 \Rightarrow y = 0 \Rightarrow (0, 0)$

Exemplo 3: Dada a função quadrática $y = ax^2 + bx + c$, determinar as suas raízes e os pontos onde ela corta o eixo das abscissas, nos casos:

a) $y = 2x^2 + 5x - 3$
$y = 0 \Rightarrow 2x^2 + 5x - 3 = 0$
$\Delta = 25 + 24 = 49$
$x = \dfrac{-5 \pm 7}{4} \Rightarrow$
$\boxed{x = \dfrac{1}{2} \lor x = -3}$ $\Rightarrow$
$\left(\dfrac{1}{2}, 0\right)$ e $(-3, 0)$

b) $y = 4x^2 - 9$
$y = 0 \Rightarrow 4x^2 - 9 = 0 \Rightarrow$
$4x^2 = 9 \Rightarrow x^2 = \dfrac{9}{4} \Rightarrow$
$\boxed{x = \pm \dfrac{3}{2}}$
$\left(-\dfrac{3}{2}, 0\right)$ e $\left(\dfrac{3}{2}, 0\right)$

c) $y = 4x^2 - 12x$
$y = 0 \Rightarrow 4x^2 - 12x = 0 \Rightarrow$
$4x(x - 3) = 0 \Rightarrow$
$\boxed{x = 0 \lor x = 3}$
$(0, 0)$ e $(3, 0)$

Exemplo 4: Dada a função $f(x) = 3x^2 - 4x - 4$, determinar o x que tem a imagem dada, nos casos:

a) $f(x) = 11$
$3x^2 - 4x - 4 = 11$
$3x^2 - 4x - 15 = 0$
$\Delta = 16 + 12 \cdot 15 = 196$
$x = \dfrac{4 \pm 14}{6} \Rightarrow$
$\boxed{x = 3 \lor x = -\dfrac{5}{3}}$

b) $f(x) = \dfrac{-16}{3}$
$3x^2 - 4x - 4 = -\dfrac{16}{3}$
$9x^2 - 12x + 4 = 0$
$\Delta = 144 - 144 = 0$
$x = \dfrac{12 \pm 0}{18} \Rightarrow$
$\boxed{x = \dfrac{2}{3}}$

c) $f(x) = -6$
$3x^2 - 4x - 4 = -6 \Rightarrow$
$3x^2 - 4x + 2 = 0$
$\Delta = 16 - 24 = -8$
Não existe x real tal que $f(x) = -6$

Exemplo 5: Determinar o vértice da parábola representativa de $y = 3x^2 - 4x - 4$.

1º modo: $V = \left(\dfrac{-b}{2a}, \dfrac{-\Delta}{4a}\right)$

$\Delta = 16 + 12 \cdot 4 \Rightarrow \Delta = 64$

$\left.\begin{array}{l} x_V = \dfrac{-b}{2a} = \dfrac{-(-4)}{2(3)} \Rightarrow x_V = \dfrac{2}{3} \\ y_V = \dfrac{-\Delta}{4a} = \dfrac{-64}{4 \cdot 3} \Rightarrow y_V = \dfrac{-16}{3} \end{array}\right\} \Rightarrow V = \left(\dfrac{2}{3}, \dfrac{-16}{3}\right)$

2º modo: $V = \left(\dfrac{-b}{2a}, f\left(\dfrac{-b}{2a}\right)\right)$

$x_V = \dfrac{-b}{2a} = \dfrac{-(-4)}{2(3)} \Rightarrow x_V = \dfrac{2}{3}$

$y_V = f(x_V) \Rightarrow y_V = f\left(\dfrac{2}{3}\right) = 3\left(\dfrac{2}{3}\right)^2 - 4\left(\dfrac{2}{3}\right) - 4$

$y_V = \dfrac{4}{3} - \dfrac{8}{3} - 4 = \dfrac{-4}{3} - 4 \Rightarrow y_V = \dfrac{-16}{3} \Rightarrow$

$V = \left(\dfrac{2}{3}, \dfrac{-16}{3}\right)$

Exemplo 6: Dado o esboço do gráfico da função $f(x) = ax^2 + bx + c$, determinar o valor máximo ou valor mínimo e a imagem de f, nos casos:

a)

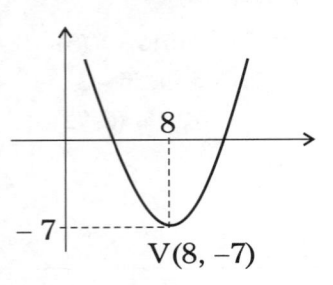

Vmin. = −7
Im = $\{y \in \mathbb{R} | y \geqslant -7\}$ ou
Im = $[-7, +\infty[$

b)

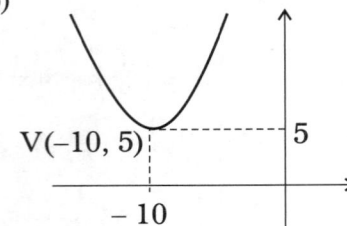

Vmin. = 5
Im = $\{y \in \mathbb{R} | y \geqslant 5\}$ ou
Im = $[5, +\infty[$

c)

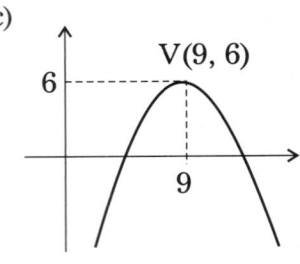

Vmáx. = 6
Im = $\{y \in \mathbb{R} | y \leqslant 6\}$ ou
Im = $]-\infty, 6]$

Exemplo 7: Dada a função $f(x) = ax^2 + bx + c$, determinar o valor máximo ou mínimo, conforme for o caso, e determinar a imagem de f, nos casos:

a) $y = 2x^2 - 8x - 9$
  $a = 2 \Rightarrow a > 0$ Concavidade voltada para cima (boca para cima)
  $\Rightarrow f(x)$ tem valor mínimo.
  $\Delta = 64 + 72 \Rightarrow \Delta = 136$
  $y_V = \dfrac{-\Delta}{4a} \Rightarrow y_V = \dfrac{-136}{4 \cdot 2} \Rightarrow y = -17$

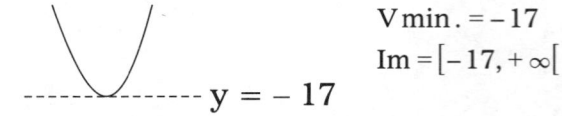

  Vmin. = −17
  Im = $[-17, +\infty[$
  $y = -17$

b) $y = -3x^2 - 4x - 2$
  $a = -3 \Rightarrow a < 0 \Rightarrow$ Concavidade de voltada para baixo (boca para baixo)
  $\Rightarrow f(x)$ tem valor máximo.
  $\Delta = 16 - 4(-3)(-2) = 16 - 24 = -8$
  $y_V = \dfrac{-\Delta}{4a} = \dfrac{-(-8)}{4(-3)} \Rightarrow y_V = -\dfrac{2}{3}$

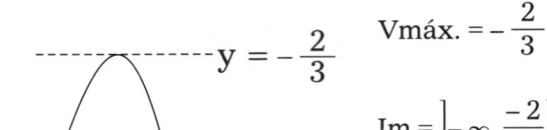

  $y = -\dfrac{2}{3}$
  Vmáx. = $-\dfrac{2}{3}$
  Im = $\left]-\infty, \dfrac{-2}{3}\right]$

Exemplo 8: Dado o eixo de simetria **e** e dois pontos da parábola representativa de uma função quadrática, determinar os pontos da parábola que são os simétricas dos pontos dado em relação ao eixo **e**, nos casos:

a) A (8, 2) e B (10, 4)

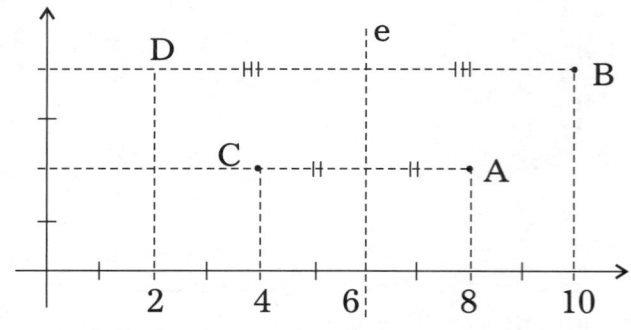

Simétrico de A (8, 2) é C (4,2)
Simétrico de B (10, 4) é D (2, 4)

b) A(−5, 4) e B(3, 3)

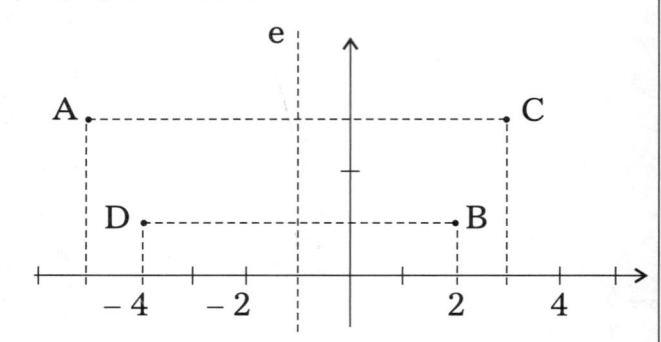

Simétrico de A (−5, 3) é C (3, 3)
Simétrico de B (2, 1) é D (−4, 1)

Exemplo 9: Determinar a equação do eixo de simetria da parábola da função dada:

a) $y = 2x^2 - 28x + 7$

  $x_V = \dfrac{-b}{2a} \Rightarrow x_V = \dfrac{-(-28)}{2(2)} = x_V = 7$
  (e) $x = 7$

b) $y = 3x^2 + 30x - 16$

  $x_V = \dfrac{-b}{2a} \Rightarrow x_V = \dfrac{-30}{2 \cdot 3} \Rightarrow x_V = -5$
  (e) $x = -5$

Exemplo 10: Determinar a equação que define a função f(x) = ax² +bx + c, nos casos:

a) São dados os pares de f que pertencem aos eixos (os pontos onde o gráfico corta os eixos): (0, – 45), (– 5, 0) e (3, 0).

Note que 3 e – 5 são as raízes de f(x). Sabemos que se x' e x" são as raízes de ax² + bx + c, podemos escrever ax² + bx + c = a (x – x')(x – x").

Então:

f(x) = a (x – 3) (x + 5) ⇒ f(x) = a (x² + 2x – 15)

(0, – 45) ∈ f ⇒ f(0) = – 45 ⇒ – 45 = a (0² + 2 · 0 – 15) ⇒ – 15a = – 45 ⇒ a = 3

f(x) = a (x² + 2x – 15) e a = 3 ⇒ f(x) = 3 (x² + 3x – 15) ⇒ $\boxed{f(x) = 3x^2 + 9x - 45}$

b) São dados um par de f e as raízes de f: (– 3, 14), $x' = \frac{1}{2}$ e x" = – 2

f(x) = ax² + bx + c = a (x – x')(x – x") ⇒ f(x) = $a\left(x - \frac{1}{2}\right)(x + 2)$

(– 3, 14) ∈ f ⇒ f(– 3) = 14 ⇒ 14 = $a\left(-3 - \frac{1}{2}\right)(-3 + 2)$ ⇒ 14 = $a \cdot \left(\frac{-7}{2}\right)(-1)$ ⇒

⇒ $\frac{7}{2}a = 14$ ⇒ 7a = 28 ⇒ a = 4 ⇒ f(x) = $4\left(x - \frac{1}{2}\right)(x + 2)$ ⇒

f(x) = (4x – 2)(x + 2) ⇒ $\boxed{f(x) = 4x^2 + 6x - 4}$

c) São dados três pares quaisquer de f: (1, – 2), (3, 8) e (– 2, 13)

Os intens (a) e (b) podem também ser resolvidos como este.

$\begin{cases} (1, -2) \in f \Rightarrow f(1) = -2 \Rightarrow a(1)^2 + b(1) + c = -2 \\ (3, 8) \in f \Rightarrow f(3) = 8 \Rightarrow a(3)^2 + b(3) + c = 8 \\ (-2, 13) \in f \Rightarrow f(-2) = 13 \Rightarrow a(-2)^2 + b(-2) + c = 13 \end{cases}$ ⇒ $\begin{cases} a + b + c = -2 \\ 9a + 3b + c = 8 \\ 4a - 2b + c = 13 \end{cases}$

a + b + c = – 2 ⇒ c = – a – b – 2 ⇒

$\begin{cases} 9a + 3b - a - b - 2 = 8 \\ 4a - 2b - a - b - 2 = 13 \end{cases}$ ⇒ $\begin{cases} 8a + 2b = 10 \\ 3a - 3b = 15 \end{cases}$ ⇒ $\begin{cases} 4a + b = 5 \\ a - b = 5 \end{cases}$ ⇒ 5a = 10 ⇒ $\boxed{a = 2}$

a = 2, a – b = 5 ⇒ 2 – b = 5 ⇒ $\boxed{b = -3}$

a = 2, b = – 3, a + b + c = – 2 ⇒ 2 – 3 + c = – 2 ⇒ $\boxed{c = -1}$

a = 2, b = – 3 e c = – 1 e f(x) = ax² + bx + c ⇒ $\boxed{f(x) = 2x^2 - 3x - 1}$

100 Dada a função f(x) = 3x² – 7x – 20, determinar as imagens pedidas e o par de f em questão, nos casos:

a) f(5)

b) f(4)

c) $f\left(-\frac{5}{3}\right)$

101 Determinar o ponto onde o gráfico da função quadrática corta o eixo das ordenadas (eixo dos y), nos casos:

a) $f(x) = -3x^2 - 9x + 1$

b) $y = 4x^2 - 5x - \dfrac{1}{3}$

c) $y = -\dfrac{7}{5}x^2 - 6x + \sqrt{2}$

d) $f(x) = 16 - 4x^2$

e) $f(x) = (\sqrt{3} - 1)x^2$

f) $y = 4x - 9x^2$

102 Determinar as raízes e os pontos onde a função polinomial do 2º grau dada corta o eixo das abscissas (eixo dos x), nos casos:

a) $f(x) = x^2 - 7x + 10$

b) $f(x) = 2x^2 + 6x - 20$

c) $f(x) = 3x^2 - 3x - 36$

d) $y = 2x^2 + 13x - 7$

e) $y = 9x^2 - 30x - 24$

f) $y = 24x^2 - 36x$

g) $f(x) = 4x^2 - 36$

h) $f(x) = 4x^2 - 2x + 1$

i) $f(x) = 4x^2 - 12x + 9$

103 Determinar o valor de x e o par de f correspondente da função $f(x) = 3x^2 - 2x - 5$, dada a imagem $f(x)$, nos casos:

a) $f(x) = 0$

b) $f(x) = -4$

c) $f(x) = 3$

d) $f(x) = -6$

e) $f(x) = \dfrac{-16}{3}$

f) $f(x) = 35$

104 Dado o esboço do gráfico de uma função quadrática, determinar o valor máximo ou mínimo, conforme for o caso e também a imagem de f, nos casos:

a)

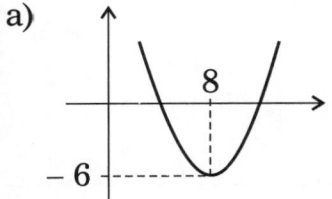

b)

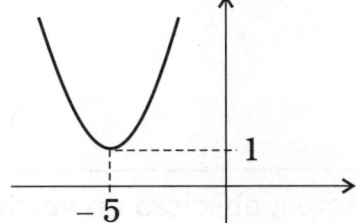

c)

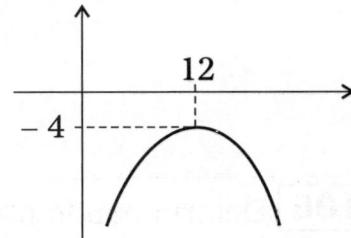

d)

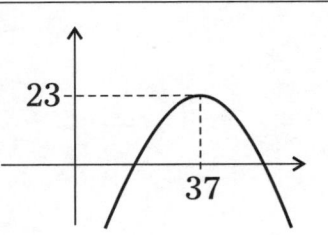

e)

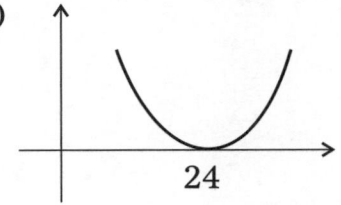

f)

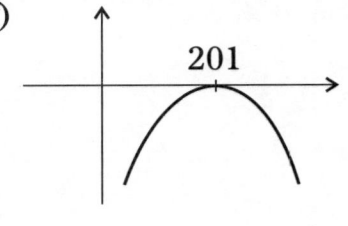

Resp: **100** a) $f(5) = 20$ e $(5, 20)$ b) $f(4) = 0$ e $(4, 0)$ c) $f\left(\dfrac{-5}{3}\right) = 0$ e $\left(-\dfrac{5}{3}, 0\right)$

105 Determinar o vértice da parábola representativa da função quadrática dada, usando a fómula $V\left(\dfrac{-b}{2a}, \dfrac{-\Delta}{4a}\right)$, nos casos:

a) $f(x) = 2x^2 - 4x - 8$

b) $f(x) = 3x^2 - 12x + 5$

c) $f(x) = 2x^2 - 3x - 1$

d) $y = 9x^2 - 12x + 4$

e) $y = 4x^2 - 8x + 10$

f) $y = 4x^2 - 6x$

g) $y = 4x^2 - 9$

h) $y = 4x^2$

i) $y = 2x^2 + x + 1$

106 Determinando primeiramente a abscissa do vértice (x_V) e depois a ordenada y_V, sabendo que $y_V = f(x_V)$, determinar o vértice da parábola, nos casos:

a) $y = 2x^2 - 8x - 5$

b) $y = 3x^2 + 24x + 25$

c) $y = x^2 - 6x + 10$

107 Determinando a ordenada do vértice do gráfico da função quadrática dada, determinar o seu valor máximo ou mínimo e a sua imagem, nos casos:

a) $y = 2x^2 - 12x + 9$

b) $y = 3x^2 - 18x + 20$

c) $y = -2x^2 + 8x - 6$

d) $y = -x^2 + 4x - 8$

e) $y = x^2 - 6x + 20$

f) $y = 2x^2 - 10x$

g) $y = -x^2 + 20x$

h) $y = -7x^2 + 20$

i) $y = 8x^2 - 15$

108 Determinar a equação do eixo de simetria da parábola que é o gráfico da função do 2º grau dada, nos casos:

a) $y = 3x^2 - 18x - 7$

b) $y = 4x^2 + 8x - 1$

c) $y = -3x^2 + 51$

Resp: **101** a) (0, 1)   b) $\left(0, -\frac{1}{3}\right)$ c) $(0, \sqrt{2})$ d) (0, 16)   e) (0, 0)   f) (0, 0)

102 a) 2 e 5 e (2, 0) e (5, 0)   b) −5 e 2 e (−5, 0) e (2, 0)   c) 4 e −3 e (4, 0) e (−3, 0)

d) $\frac{1}{2}$ e −7 e $\left(\frac{1}{2}, 0\right)$ e (−7, 0)   e) 4 e $-\frac{2}{3}$ e (4, 0) e $\left(-\frac{2}{3}, 0\right)$ f) 0 e $\frac{3}{2}$ e (0, 0) e $\left(\frac{3}{2}, 0\right)$

g) −3 e 3 e (−3, 0) e (3, 0)   h) Δ < 0 ⇒ Não tem raízes reais e não corta o eixo das abscissas

i) $\frac{3}{2}$ e tangencia o eixo das abscissas em $\left(\frac{3}{2}, 0\right)$ **103** a) $\frac{5}{3}$ e −1 e $\left(\frac{5}{3}, 0\right)$ e (−1, 0)

b) 1 e $-\frac{1}{3}$ e (1, −4) e $\left(-\frac{1}{3}, -4\right)$ c) 2 e $-\frac{4}{3}$ e (2, 3) e $\left(-\frac{4}{3}, 3\right)$ d) Δ < 0 ⇒ Não esiste x tal que f(x) = −6

e) $\frac{1}{3}$ e $\left(\frac{1}{3}, -\frac{16}{3}\right)$ f) 4 e $-\frac{10}{3}$ e (4, 35) e $\left(-\frac{10}{3}, 35\right)$ **104** a) a > 0 ⇒ $V_{mín.} = -6$ b) a > 0 ⇒ $V_{mín.} = 1$

Im = {y ∈ ℝ | y ⩾ −6}   Im = {y ∈ ℝ | y ⩾ 1}

c) a < 0 ⇒ $V_{máx.} = -4$ d) a < 0 ⇒ $V_{máx.} = 23$ e) a > 0 ⇒ $V_{mín.} = 0$ f) a < 0 ⇒ $V_{máx.} = 0$

Im = {y ∈ ℝ | y ⩽ −4}   Im = {y ∈ ℝ | y ⩽ 23}   Im = ℝ₊ = [0, +∞[Im = ℝ₋ =]−∞, 0]

109 Dada a função quadrática, dizer se o eixo e de simetria do seu gráfico está à esquerda ou à direita do eixo das ordenadas, nos casos:

a) $y = 5x^2 - 20x + 1$

b) $y = 2x^2 + 16x + 1$

c) $y = -3x^2 + 5x - 1$

d) $y = -7x^2 + 70x$

e) $y = -3x^2 - 12x$

f) $y = 7x^2 - 19$

110 Dadas as raízes de uma função quadrática e o ponto onde o gráfico da função corta o eixo das ordenadas (eixo dos y), diferente dos pares das raízes, determinar a equação que define esta função, nos casos:

a) Raízes 4 e 5 e P(0, 40)

b) Raízes 1 e −3 e P(0, 9)

c) Raízes 3 e −3 e P(0, −36)

d) Raízes $\frac{1}{2}$ e 6 e P(0, −6)

111 Dadas as raízes e um par qualquer, diferente dos formados pelas raízes, de uma função quadrática, determinar a equação que define a função, nos casos:

a) Raízes 2 e – 4 e P(4, 32)

b) Raízes 1 e – 6 e P(3, – 54)

c) Raízes $\frac{5}{2}$ e – 3 e P(– 5, 180)

d) Raízes $\frac{3}{2}$ e – $\frac{4}{3}$ e P(2, – 30)

Resp: **105** a) V = (1, – 10)   b) V = (2, – 7)   c) V = $\left(\frac{3}{4}, -\frac{17}{8}\right)$ d) V = $\left(\frac{2}{3}, 0\right)$ e) V = (1, 6)   f) V = $\left(\frac{3}{4}, -\frac{-9}{4}\right)$ g) V = (0, – 9)

h) V = (0, 0)   i) V = $\left(-\frac{1}{4}, \frac{7}{8}\right)$ **106** a) V = (2, – 13)   b) V = (– 4, – 23)   c) V = (3, 1)   **107** a) $a > 0 \Rightarrow V_{min.} = -9$
Im = $\{y \in \mathbb{R} | y \geq -9\}$

b) $a > 0 \Rightarrow V_{min.} = -7$ c) $a < 0 \Rightarrow V_{máx.} = 2$ d) $a < 0 \Rightarrow V_{máx.} = -4$ e) $a > 0 \Rightarrow V_{min.} = 1$ f) $a > 0 \Rightarrow V_{min.} = -\frac{25}{2}$
Im = $\{y \in \mathbb{R} | y \geq -7\}$ Im = $\{y \in \mathbb{R} | y \leq 2\}$ Im = $]-\infty, -4]$ Im = $[1, +\infty[$ Im = $\left[-\frac{25}{2}, +\infty\right[$

g) $a < 0 \Rightarrow V_{máx.} = 100$ h) $a < 0 \Rightarrow V_{máx.} = 20$ i) $a > 0 \Rightarrow V_{min.} = -15$ **108** a) $\boxed{x = 3}$ b) $\boxed{x = -1}$ c) $\boxed{x = 0}$
Im = $\{y \in \mathbb{R} | y \leq 100\}$ Im = $\{y \in \mathbb{R} | y \leq 20\}$ Im = $\{y \in \mathbb{R} | y \geq -15\}$

112 Dadas três pares pertencentes a uma função quadrática $y = ax^2 + bx + c$, determinar a equação que define esta função, nos casos:

a) $(1, -8)$, $(2, -5)$ e $(-2, 7)$

b) $(-3, -40)$, $(3, -16)$ e $(4, -33)$

113 De uma função quadrática f(x) = ax² + bx + c sabemos que f(1) = 10, f(–1) = –18 e f(2) = 36. Determinar o vértice da parábola representativa desta função.

---

114 Determinar os pontos onde o gráfico da função polinomial do 2º grau f(x) = ax² + bx + c corta os eixos coordenados, sabendo que f(1) = –16, f(4) = 26 e f(–2) = 50.

Resp: **109** a) $x_V > 0$ ⇒ e está à direita de 0y. b) $x_V < 0$ ⇒ e está à esquerda de 0y. c) $x_V > 0$ ⇒ e está à direita de 0y.
d) $x_V > 0$ ⇒ e está à direita de 0y. e) $x_V < 0$ ⇒ e está à esquerda de 0y. f) $x_V = 0$ ⇒ e é o própria eixo 0y.

110 a) f(x) = 2x² – 18x + 40   b) f(x) = –3x² – 6x + 9   c) f(x) = 4x² – 36   d) f(x) = –2x² + 13x – 6

111 a) f(x) = 2x² + 4x – 16   b) f(x) = –3x² –15x + 18   c) f(x) = 12x² + 6x – 90   d) f(x) = –18x² + 3x + 36

115 Dado o esboço do gráfico de uma função quadrática, determinar a equação que a define nos casos:

a)

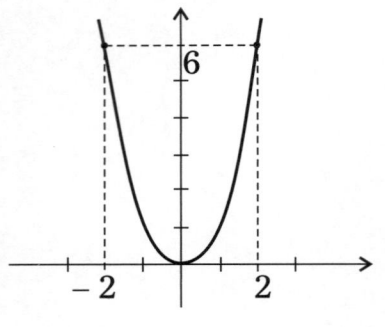

b)

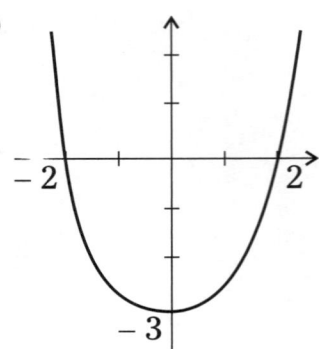

c)

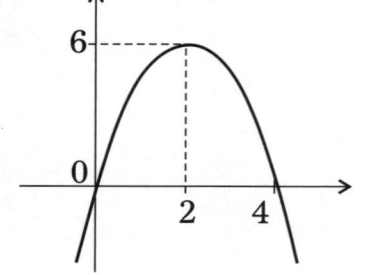

d)

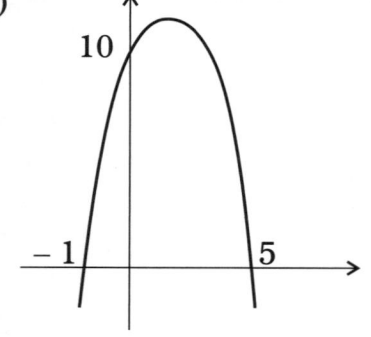

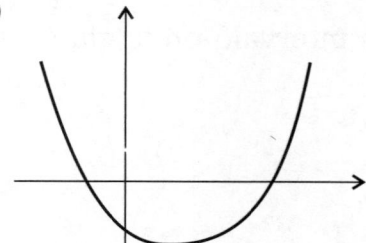

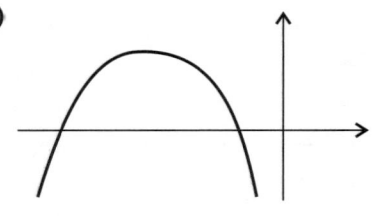

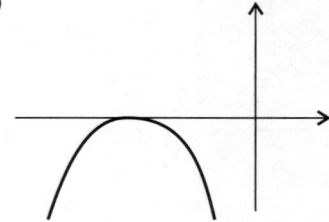

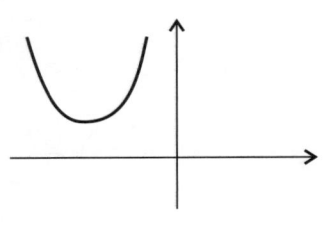

116 Dado o esboço do gráfico da função $f(x) = ax^2 + bx + c$, determinar o sinal de Δ, a, b, e c, nos casos:

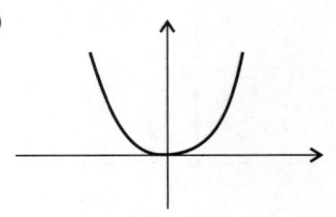

a) [gráfico] b) [gráfico] c) [gráfico]

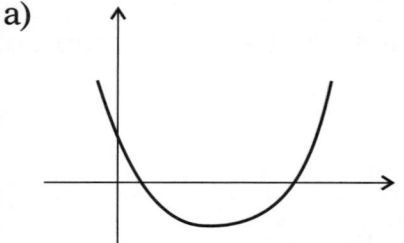

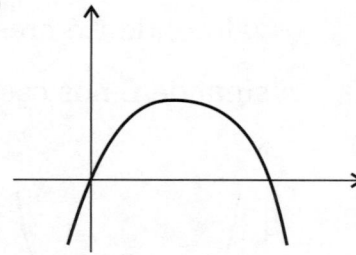

d) [gráfico] e) [gráfico] f) [gráfico]

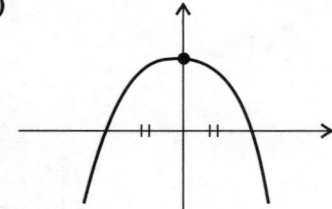

g) [gráfico] h) [gráfico] i) [gráfico]

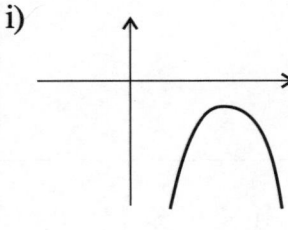

117 Dada a função $f(x) = 2x^2 + 8x + m$, determinar m, de modo que o valor mínimo de $f(x)$ seja -12.

Resp: **112** a) $f(x) = 2x^2 - 3x - 7$ b) $f(x) = -3x^2 + 4x - 1$ **113** $V = \left(\dfrac{-7}{4}, \dfrac{-81}{4}\right)$ **114** $(0, -6)$, $(3, 0)$ e $\left(-\dfrac{1}{3}, 0\right)$

118 Dado o esboço do gráfico da função $f(x) = ax^2 + bx + c$, destacando as raízes quando $\Delta \geq 0$ e dando a abscissa do vértice, que é $\dfrac{x' + x''}{2}$ quando $\Delta \geq 0$, determinar o intervalo onde f é crescente, o intervalo onde ela é decrescente e estudar a variação do sinal de f, nos casos:

a)

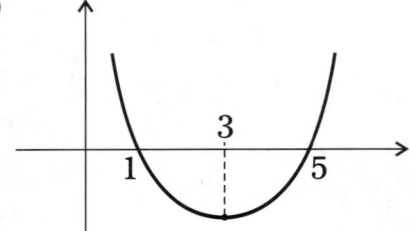

b)

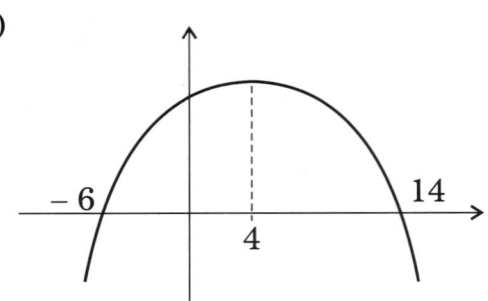

c)

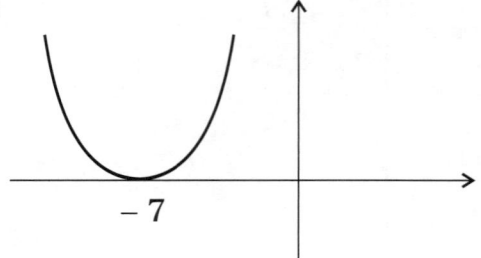

d)

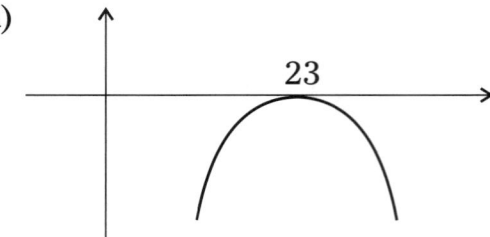

e)

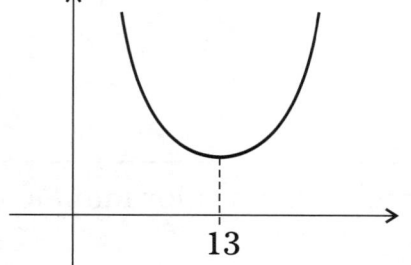

f)

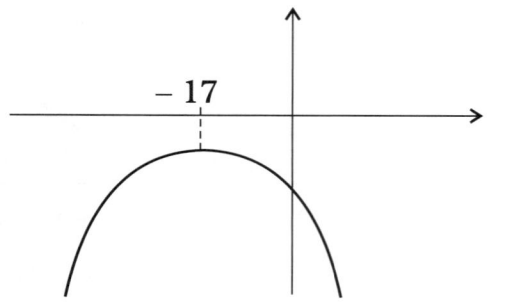

119 Dado a função quadrática y = ax² + bx + c, suprimindo o eixo das ordenadas (eixo dos y) e destacando apenas a concavidade e as raízes, quando $\Delta \geq 0$, esboçar o gráfico e fazer o estudo da variação do sinal de f, nos casos:

a) $f(x) = 3x^2 - x - 4$

b) $f(x) = -8x^2 - 2x + 6$

c) $f(x) = 12x^2 + 36x + 27$

d) $f(x) = -28x^2 + 28x - 7$

e) $f(x) = 5x^2 - 7x + 4$

f) $f(x) = -3x^2 + 5x - 3$

Resp: 115 a) $f(x) = \frac{3}{2}x^2$ b) $f(x) = \frac{3}{4}x^2 - 3$ c) $f(x) = -\frac{3}{2}x^2 + 6x$ d) $f(x) = -2x^2 + 8x + 10$

116 a) $\Delta > 0$, a > 0, c > 0, b < 0 b) $\Delta = 0$, a > 0, c < 0, b < 0 c) $\Delta > 0$, a < 0, c = 0, b > 0 d) $\Delta > 0$, a < 0, c < 0, b < 0

e) $\Delta = 0$, a < 0, c < 0, b < 0 f) $\Delta > 0$, a < 0, c > 0, b = 0 g) $\Delta < 0$, a > 0, c > 0, b > 0 h) $\Delta = 0$, a > 0, c = 0, b = 0

i) $\Delta < 0$, a < 0, c < 0, b > 0   **117** m = −4

120 Utilizando o dispositivo apresentado ao lado, estudar a variação do sinal da função $f(x) = ax^2 + bx + c$ dada, nos casos. x' e x" são as raízes de $f(x)$, com x' < x".

$\Delta > 0 \Rightarrow$ f(x) m.a. | c.a. | m.a. (x', x")

$\Delta = 0 \Rightarrow$ f(x) m.a. | m.a. (x' = x")

$\Delta < 0 \Rightarrow$ f(x) m.a.

a) $y = 2x^2 - 11x - 21$

b) $y = -9x^2 - 51x + 18$

c) $y = -2x^2 + 16x - 32$

d) $y = 5x^2 + 30x + 45$

e) $y = 5x^2 - x + 1$

f) $y = -7x^2 + 2x - 2$

121 Dada a função f(x) = ax² + bx + c, com Δ < 0, determinando o vértice e o ponto onde f corta o eixo dos y e o seu simétrico em relação o eixo de simetria, esbocar o gráfico de f, nos casos:

a) $y = x^2 - 2x + 3$. Determinar também os pontos de f que distam 2 do eixo de simetria.

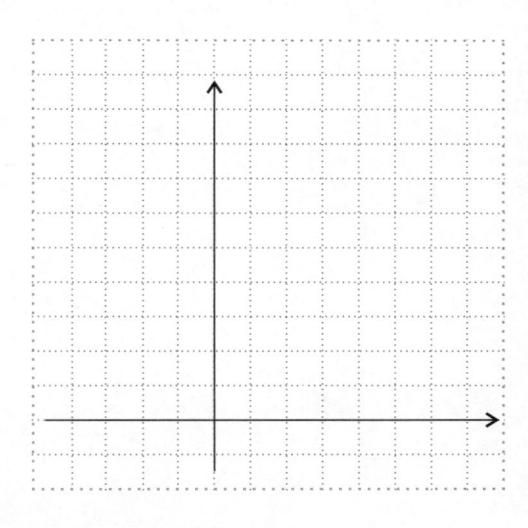

b) $y = -x^2 + 4x - 5$. Determinar o pontos de f que distam 1 do eixo de simetria.

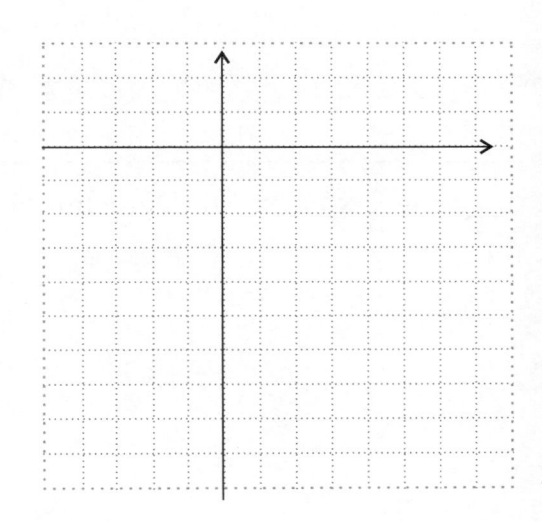

Resp: **118** a) $x \leqslant 3 \Leftrightarrow f$ é decrescente
$x \geqslant 3 \Leftrightarrow f$ é crescente
$f(x) = 0 \Leftrightarrow x = 1 \lor x = 5$
$f(x) < 0 \; 1 < x < 5$
$f(x) > 0 \Leftrightarrow x < 1 \lor x > 5$

b) $x \leqslant 4 \Leftrightarrow f$ é crescente
$x \geqslant 4 \Leftrightarrow f$ é decrescente
$f(x) = 0 \Leftrightarrow x = -6 \lor x > 14$
$f(x) < 0 \Leftrightarrow x < -6 \lor x > 14$
$f(x) > 0 \Leftrightarrow -6 < x < 14$

c) $f(x)$ é decrescente em $]-\infty, -7]$
$f(x)$ é crescente em $[-7, +\infty[$
$f(x) = 0 \Leftrightarrow x = -7$
$f(x) > 0 \Leftrightarrow x \in \mathbb{R} \land x \neq -7$

d) $f(x)$ é crescente em $]-\infty, 23]$
$f(x)$ é decrescente em $[23, +\infty[$
$f(x) = 0 \Leftrightarrow x = 23$
$f(x) < 0 \Leftrightarrow x \in \mathbb{R} \land x \neq 23$

e) $f(x)$ é decrescente em $]-\infty, 13]$
$f(x)$ é crescente em $[13, +\infty[$
$f(x) > 0, \forall x \in \mathbb{R}$

f) $f(x)$ é crescente em $]-\infty, -17]$
$f(x)$ é decrescente em $[-17, +\infty[$
$f(x) < 0, \forall x \in \mathbb{R}$

119 a) $f(x) = 0 \Leftrightarrow x = -1 \lor x = \frac{4}{3}$
$f(x) < 0 \Leftrightarrow -1 < x < \frac{4}{3}$
$f(x) > \Leftrightarrow x < -1 \lor x > \frac{4}{3}$

b) $f(x) = 0 \Leftrightarrow x = -1 \lor x = \frac{3}{4}$
$f(x) < 0 \Leftrightarrow x < -1 \lor x > \frac{3}{4}$
$f(x) > 0 \Leftrightarrow -1 < x < \frac{3}{4}$

c) $f(x) = 0 \Leftrightarrow x = -\frac{3}{2}$
$f(x) > 0 \Leftrightarrow x \in \mathbb{R} \land x \neq -\frac{3}{2}$

d) $f(x) = 0 \Leftrightarrow x = \frac{1}{2}$
$f(x) < 0 \Leftrightarrow x \in \mathbb{R} \land x \neq \frac{1}{2}$

e) $f(x) > 0, \forall x \in \mathbb{R}$

f) $f(x) < 0, \forall x \in \mathbb{R}$

122. Determinando o vértice da parábola e os pontos onde ela corta os eixos e sempre para algum ponto obtido, determinando o simétrico em relação ao eixo de simetria, esboçar o gráfico da função $y = ax^2 + bx + c$, nos casos:

a) $y = x^2 + 2x - 3$. Determinar também os pontos de f que distam 3 do eixo de simetria.

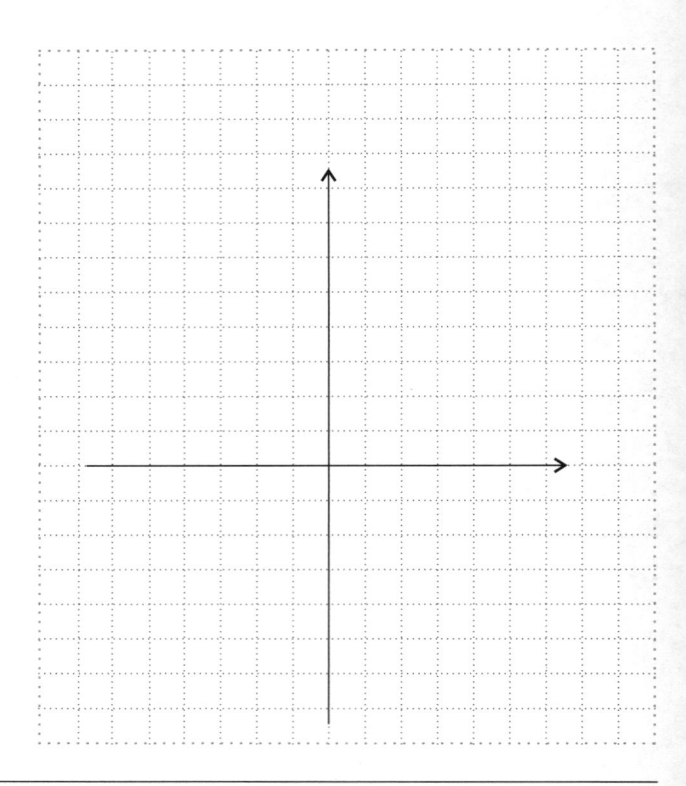

b) $y = -\dfrac{1}{2}x^2 + 2x + 6$. Determinar também os pontos de **f** distantes 5 do eixo de simetria

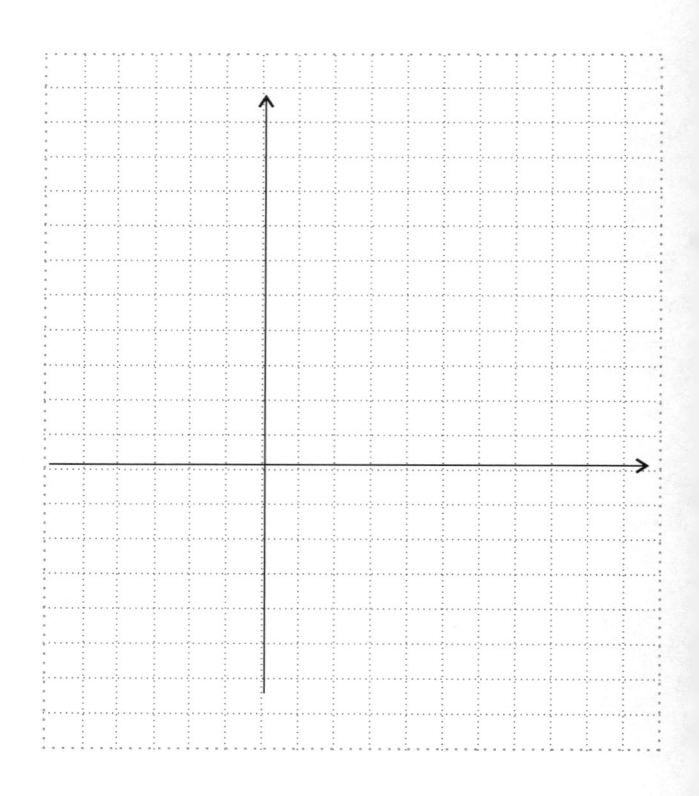

123 Considere a função quadrática $f(x) = (m-2)x^2 - (m+4)x + 1$. Determinar o valor real do parâmetro **m** nos casos:

a) Para que $f(x)$ tenha valor mínimo.

b) Para que $f(x)$ tenha valor máximo.

c) Para que o seu valor mínimo ocorra no ponto com $x = 4$.

d) Para que o seu valor máximo ocorra para $x = \dfrac{1}{3}$.

e) Para que o valor mínimo de $f(x)$ seja -7.

Resp: **120** a) $f(x) = 0 \Leftrightarrow x = -\dfrac{3}{2} \vee x = 7$

$f(x) < 0 \Leftrightarrow -\dfrac{3}{2} < x < 7$

$f(x) > \Leftrightarrow x < -\dfrac{3}{2} \vee x > 7$

b) $f(x) = 0 \Leftrightarrow x = -6 \vee x = \dfrac{1}{3}$

$f(x) < 0 \Leftrightarrow x < -6 \vee x > \dfrac{1}{3}$

$f(x) > 0 \Leftrightarrow -6 < x < \dfrac{1}{3}$

c) $f(x) = 0 \Leftrightarrow x = 4$

$f(x) < 0 \Leftrightarrow x \in \mathbb{R},\ x \neq 4$

d) $f(x) = 0 \Leftrightarrow x = -3$

$f(x) > 0 \Leftrightarrow x \in \mathbb{R},\ x \neq -3$

e) $f(x) > 0 \Leftrightarrow \forall x \in \mathbb{R}$

f) $f(x) < 0 \Leftrightarrow \forall x \in \mathbb{R}$

121 a) b)

124 Dada a função f(x) = (2 − 2m)x² + (m + 2) x + m − 9, determine o valor do parâmento **m** nos casos:

a) Para que ela tenha valor máximo.

b) Para que o máximo seja 3.

125 Dada a função do 2º grau com parâmento **m**. Determinar **m**, nos casos:

a) f(x) = 4x² − 8x − m + 1. Para que o valor mínimo seja − 8

b) f(x) = − 5x² − (m + 1) x + m − 3. Para que o valor máximo seja 7,2.

126 Determinar **m** para que a imagem da função f(x) = 2x² - 12x + 5 - m seja
Im = {y ∈ ℝ | y ⩾ -28}

127 Determinar **m** para que a imagem da função f(x) = -3x² - (m + 5)x + 7 seja
Im = {y ∈ ℝ | y ⩽ $\frac{37}{3}$}

128 Com 60 m de tela João quer contruir um galinheiro retangular, aproveitando um muro já existente no local para ser um dos lados do retângulo. Qual é a máxima área que João poderá cercar, desta forma?

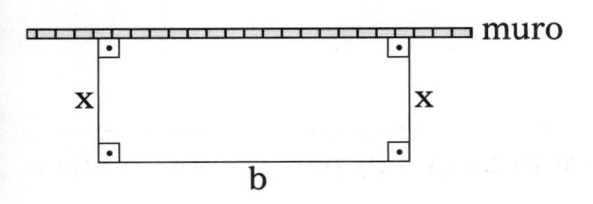

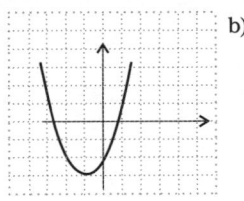

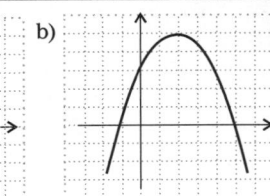

muro

x   x

b

Resp: 122 a) b)   **123** a) m > 2   b) m < 2   c) m = $\frac{20}{7}$
d) m = -16   e) m = 4 ou m = 20

129 De todos os retângulos de perímetro 40 cm, quanto medem os lados do que tem a maior área?

130 Um retângulo está inscrito em um triângulo de base com 8 cm e altura 10 cm, como mostra a figura. Determinar:

a) A altura **h** do retângulo em função da sua base **x** e a área **S** do retângulo em função de **x**.

b) O valor de **x** para que o retângulo tenha a maior área possível e esta área.

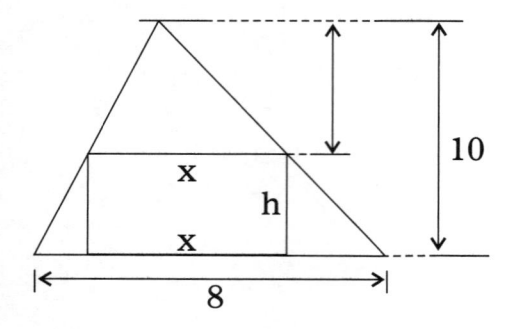

131 Dividir 16 em duas parcelas **x** e **n** tal que o produto de $(x - 2)$ por $(2n + 4)$ tenha o maior valor possível.

132 Na figura temos um retângulo de base x sobre a base **n** de um triângulo, inscrito neste trângulo. Mostre que para qualquer que seja a altura **h** do triângulo, relativa a **n**, se o retângulo tem área máxima, então x é base média do triângulo, relativa a **n**. Isto é $x = \dfrac{n}{2}$.

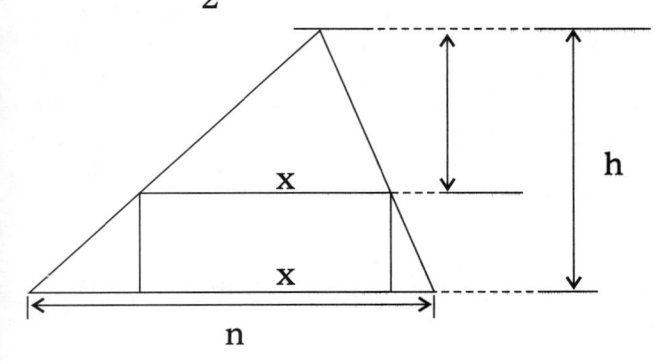

133 Um trapézio tem bases de 24 cm e 6 cm e altura de 15 cm e os ângulos da base maior são agudos. Um retângulo com um lado de medida **x** sobre a base de 24 cm tem os outros dois vértices sobre os lados oblíquos do trapézio. Qual o valor de **x** para que o retângulo assim descrito tenha área máxima, e qual é essa área?

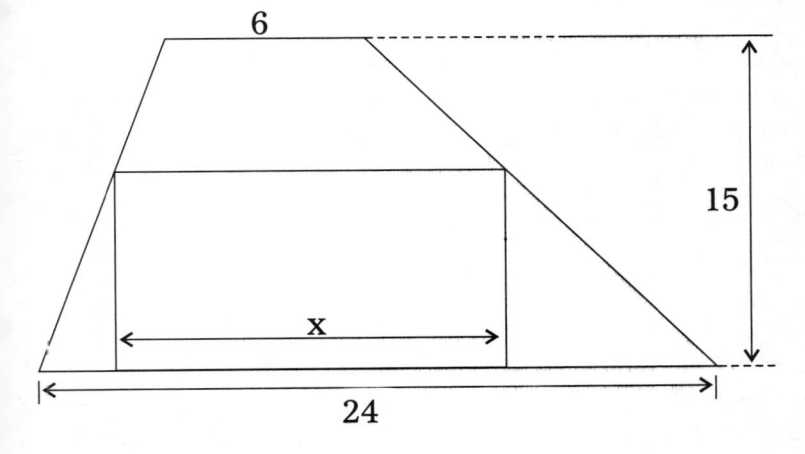

Resp: **124** a) m > 1　　b) m = 10 ∨ m = $\dfrac{10}{9}$　　**125** a) m = 5　　b) m = 7 ou m = −22

126 m = 15　　**127** m = −13 ∨ m = 3　　**128** 450 m²

134 (ENEM – 2013) A parte interior de uma taça foi gerada pela rotação de uma parábola em torno de um eixo z, conforme mostra a figura.

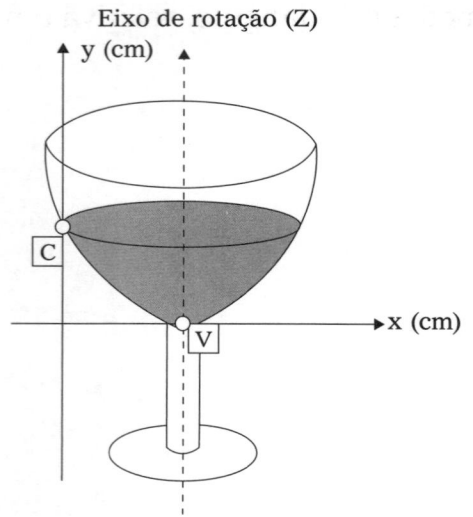

A função real que expressa a parábola, no plano cartesiano da figura, é dada pela lei $f(x) = \frac{3}{2}x^2 - 6x + C$, onde C é a medida da altura do líquido contido na taça, em centímetros. Sabe-se que o ponto V, na figura, representa o vértice da parábola, localizado sobre o eixo x.

Nessas condições, a altura do líquido contido na taça, em centímetros, é

a) 1   b) 2   c) 4   d) 5   e) 6

135 (ENEM – 2015) Um estudante está pesquisando o desenvolvimento de certo tipo de bactéria. Para essa pesquisa, ele utiliza uma estufa para armazenar as bactérias. A temperatura no interior dessa estufa, em graus Celsius, é dada pela expressão $T(h) = -h^2 + 22h - 85$, em que **h** representa as horas do dia. Sabe-se que o número de bactérias é o maior possível quando a estufa atinge sua temperatura máxima e, nesse momento, ele deve retirá-las da estufa. A tabela associa intervalos de temperatura, em graus Celsius, com as classificações: muito baixa, baixa, média, alta e muito alta.

Intervalos de temperatura (°C)	Classificação
T < 0	Muito baixa
0 ≤ T ≤ 17	Baixa
17 < T < 30	Média
30 ≤ T ≤ 43	Alta
T > 43	Muita Alta

Quando o estudante obtém o maior número possível de bactérias, a temperatura no interior da estufa está classificada como:

a) muito baixa.   b) baixa.   c) média.
d) alta.   e) muito alta.

136 (IMED – 2016) Em um determinado mês, o lucro de uma industria de cosméticos é expressão por $L(x) = -x^2 + 10x + 11$, em quer x representa a quantidade de cosméticos vendido e L(x), o valor do lucro em reais. Nessas condições, o lucro máximo, em reais, atingido por essa industria corresponde a:

a) 24   b) 36   c) 48   d) 56   e) 64

137 (UEMG – 2016) O lucro de uma empresa é dado pela expressão matemática L = R – C, onde L é o lucro, C o custo da produção e R a receita do produto.
Uma fábrica de tratores produziu n unidades e verificou que o custo de produção era dado pela função $C(n) = n^2 - 1000n$ e a receita representada por $R(n) = 5000n - 2n^2$.
Com base nas informações acima, a quantidade n de peças a serem produzidas para que o lucro seja máximo corresponde a um número do intervalo

a) 580 < n < 720   b) 860 < n < 940   c) 980 < n < 1300   d) 1350 < n < 1800

138 (ESPM – 2012) A figura abaixo mostra um retângulo de lados 7 cm e 8 cm no qual estão contidos os quadrados A, B e C. A medida x pode variar entre 3,5 cm e 7 cm, fazendo com que os lados dos três quadrados se alterem.

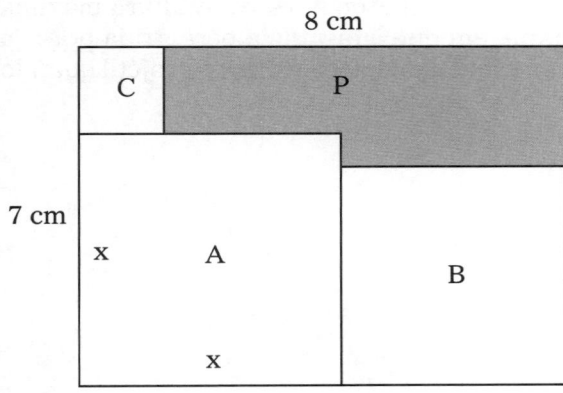

Dentro desse intervalo, o maior valor que a área do polígono P pode ter é igual a:

a) 18 cm²
b) 15 cm²
c) 17 cm²
d) 19 cm²
e) 16 cm²

139 (ESPM – 2010) Um sitiante quer construir, ao lado de um muro retilíneo, dois viveiros retangulares para criação de galinhas e patos, sendo que a área destinada aos patos (P) tem que ter 40 m² a mais que a destinada às galinhas (G). Para isso ele dispõe de 60 metros lineares de uma tela apropriada, que deverá ser usada para as cercas AB, CD, EF e BF, conforme a figura abaixo.

Para conseguir a maior área possível para os viveiros, a medida DF deverá ser de:

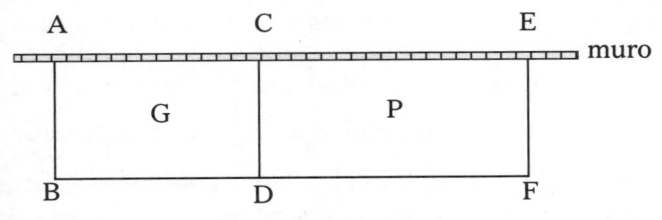

a) 15 metros   b) 16 metros   c) 17 metros
d) 18 metros   e) 19 metros

140 (UFSM – 2006) Na parede da sala de aula de Manolito, que tem 4 m de altura e 6 m de largura, será pintado um painel, conforme a figura apresentada. O valor de x para que a área hachurada seja máxima é

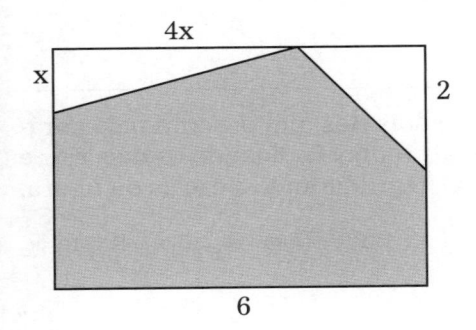

a) $\dfrac{1}{4}$ b) $\dfrac{1}{2}$ c) 1
d) 2   e) 4

Resp: **129** Quadrado de lado 10 cm   **130** a) $h(x) = -\dfrac{5}{4}x + 10$, $S(x) = -\dfrac{5}{4}x^2 + 10x$ b) $x = 4$ e 20 cm²

131 $x = 10$, $n = 6$ **132** Demonstração   **133** 12 cm, 120 cm²

141 (FUVEST – 2015) A trajetória de um projétil, lançado da beira de um penhasco sobre um terreno plano e horizontal, é parte de uma parábola com eixo de simetria vertical, como ilustrado na figura abaixo. O ponto P sobre o terreno, pé da perpendicular traçada a partir do ponto ocupado pelo projétil, percorre 30 m desde o instante do lançamento até o instante em que o projétil atinge o solo. A altura máxima do projétil, de 200 m acima do terreno, é atingida no instante em que a distância percorrida por P, a partir do instante do lançamento, é de 10 m. Quantos metros acima do terreno estava o projétil quando foi lançado?

a) 60   b) 90   c) 120
d) 150 e) 180

---

142 (UFPA – 2012) Um estudante, ao construir uma pipa, deparou-se com o seguinte problema: possui uma vareta de miriti com 80 cm de comprimento que deveria ser dividida em três varetas menores, duas necessariamente com o mesmo comprimento x, que será a largura da pipa, e outra de comprimento y, que determinará a altura da pipa. A pipa deverá ter formato pentagonal, como na figura a seguir, de modo que a altura da região retangular seja $\frac{1}{4}y$, enquanto a da triangular seja $\frac{3}{4}y$. Para garantir maior capitação de vento, ele necessita que a área da superfície da pipa seja a maior possível.

A pipa de maior área que pode ser construída, nessas condições, possui área igual a:

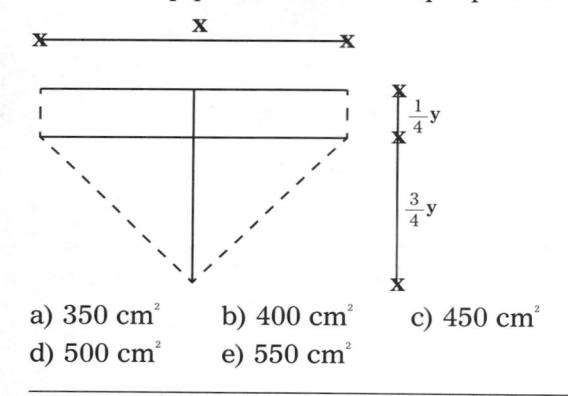

a) 350 cm²   b) 400 cm²   c) 450 cm²
d) 500 cm²   e) 550 cm²

---

143 (UNIFESP – 2003) A figura representa, na escala 1:50, os trechos de dois rios: um descrito pela parábola $y = x^2$ e o outro pela reta $y = 2x - 5$. De todos os possíveis canais retilíneos ligando os dois rios e construídos paralelamente ao eixo Oy, o de menor comprimento real, considerando a escala da figura, mede

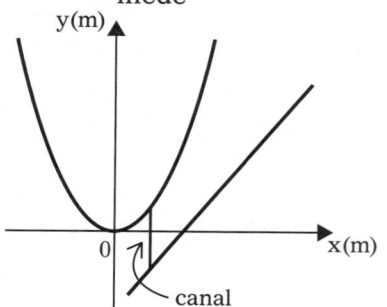

a) 200 m   b) 250 m   c) 300 m   d) 350 m   e) 400 m

Resp: **134** E **135** D **136** B **137** C **138** A **139** C **140** C **141** D **142** D **143** A

IV INEQUAÇÕES DO 2º GRAU E REDUTÍVEIS

1 – Inequações do 2º grau

Para a, b e c números reais, com a diferente de zero, as sentenças
$ax^2 + bx + c < 0$, $ax^2 + bx + c \leqslant 0$, $ax^2 + bx + c > 0$ e $ax^2 + bx + c \geqslant 0$ são chamadas inequações do 2º grau.
Podemos reduzir, algumas inequações, a uma dessas aplicando as seguintes propriedades:

Com a, b, c sendo reais, temos:

$$a < b \Leftrightarrow a + c < b + c,\ a - c < b - c$$
$$a < b,\ m > 0 \Rightarrow am < bm \wedge \frac{a}{m} < \frac{b}{m}$$
$$a < b,\ m < 0 \Rightarrow am > bm \wedge \frac{a}{m} > \frac{b}{m}$$
$$a < b,\ b < c \Rightarrow a < c$$

Para resolver uma inequação do 2º grau fazemos o estudo da variação do sinal de $f(x) = ax^2 + bx + c$ e damos como resposta o conjuntos dos valores que tornam a sentença dada verdadeira.

Usaremos para isto o seguinte dispositivo.

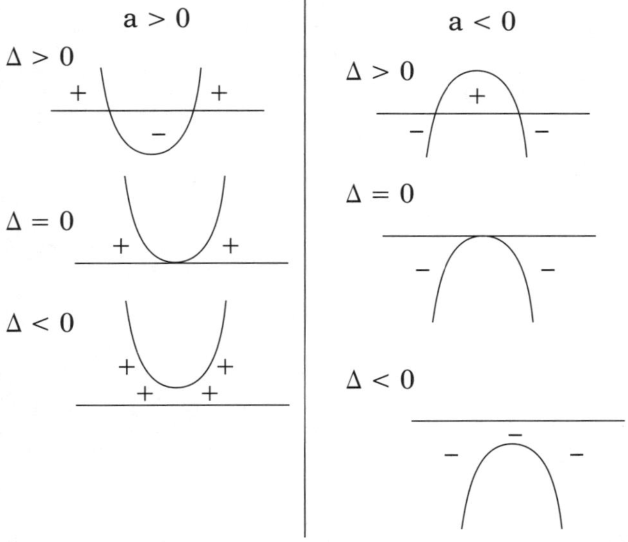

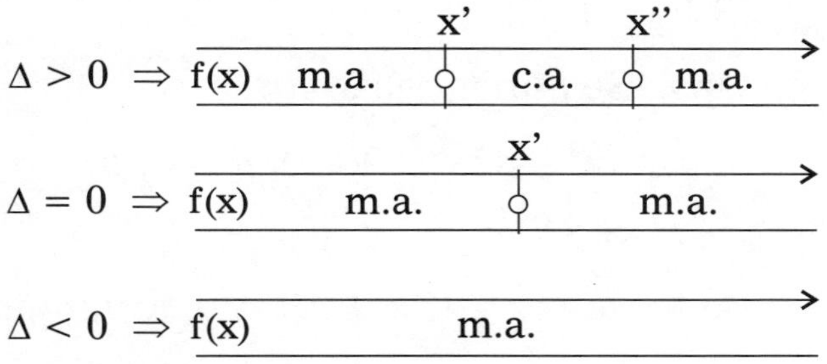

a > 0	a < 0
Δ > 0	Δ > 0
Δ = 0	Δ = 0
Δ < 0	Δ < 0

$\Delta > 0 \Rightarrow f(x)$ m.a. — x' — c.a. — x'' — m.a.

$\Delta = 0 \Rightarrow f(x)$ m.a. — x' — m.a.

$\Delta < 0 \Rightarrow f(x)$ m.a.

Exemplo 1: Resolver a inequação $-2x^2 + 7x + 4 \leqslant 0$.

Queremos determinar os valores de x que tornam a expressão $-2x^2 + 7x + 4 \leqslant 0$.

1º modo: $\underbrace{-2x^2 + 7x + 4}_{y} \leqslant 0$

1) Cálculo das raízes
$-2x^2 + 7x + 4 = 0$
$\boxed{2x^2 - 7x - 4} = 0$ 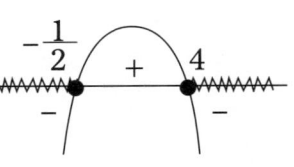
$\Delta = 49 + 32 = 81 \Rightarrow x = \dfrac{7 \pm 9}{4}$
$x = -\dfrac{1}{2} \vee x = 4$

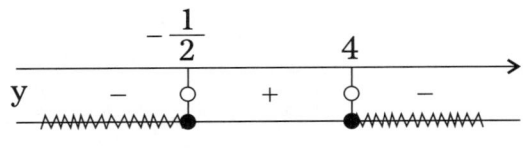

$S = \left\{ x \in \mathbb{R} \mid x \leqslant -\dfrac{1}{2} \vee x \geqslant 4 \right\}$

2º modo: $-2x^2 + 7x + 4 \leqslant 0$
$\underbrace{2x^2 - 7x - 4}_{y} \geqslant 0$

Cálculo das raízes 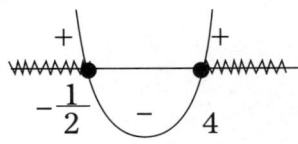
$2x^2 - 7x - 4 = 0$
$\Delta = 49 + 32 = 81 \Rightarrow x = \dfrac{7 \pm 9}{2}$
$x = -\dfrac{1}{2} \vee x = 4$

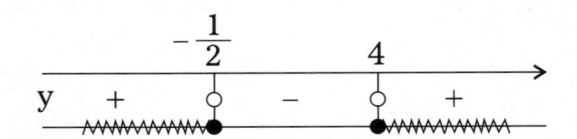

$S = \left\{ x \in \mathbb{R} \mid x < -\dfrac{1}{2} \vee x > 4 \right\}$

Obs.: Quando reduzimos a uma outra, aplicando as propriedades, obtemos inequações equivalentes as anteriores e então com a mesma solução.

Exemplo 2: Resolver as seguintes inequações.

a) $\underbrace{4x^2 - 12x + 9}_{y} > 0$

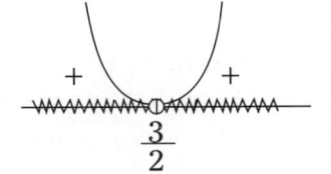

Cálculo das raízes:

$4x^2 - 8x + 9 = 0$

$\Delta = 144 - 144 = 0 \Rightarrow x = \dfrac{12 \pm 0}{8} \Rightarrow x = \dfrac{3}{2}$

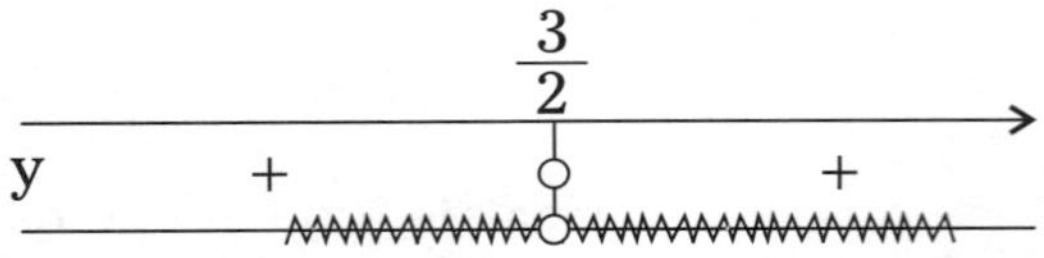

$S = \mathbb{R} - \left\{\dfrac{3}{2}\right\}$ ou $\left\{x \in \mathbb{R} \mid x \neq \dfrac{3}{2}\right\}$

Obs.: Se a inequação fosse

$4x^2 - 12x + 9 \geqslant 0$, teríamos:

$S = \mathbb{R}$

Se fosse $4x^2 - 12x + 19 < 0$, teríamos:

$S = \varnothing$

Se fosse $4x^2 - 12 + 9 \leqslant 0$, teriamos:

$S = \left\{\dfrac{3}{2}\right\}$

b) $\underbrace{4x^2 - 8x + 5}_{y} > 0$

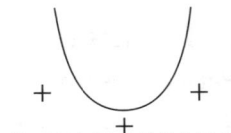

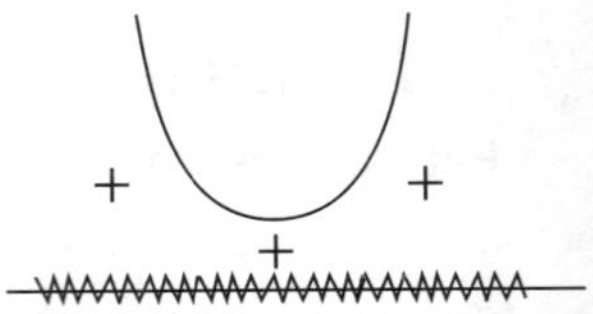

Cálculo das raízes:

$4x^2 - 8x + 5 = 0$

$\Delta = 64 - 80 = -16 \Rightarrow$ a equação não tem raízes reais.

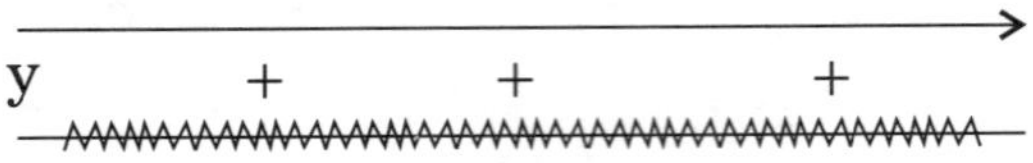

$S = \mathbb{R}$

Obs.: Se a inequação fosse

$4x^2 - 8x + 5 \geqslant 0$, ainda teríamos:

$S = \mathbb{R}$

Se fosse $4x^2 - 8x + 5 < 0$, teríamos:

$S = \varnothing$

Se fosse $4x^2 - 8x + 9 \leqslant 0$, teríamos:

$S = \varnothing$

144 Resolver as seguintes inequações:

a) $3x^2 - 13x - 10 > 0$

b) $6x^2 + 7x - 10 < 0$

c) $4x^2 - 17x + 15 \leqslant 0$

145 Resolver as seguintes inequações:

a) $9x^2 - 24x + 16 > 0$

b) $4x^2 - 4x + 1 < 0$

c) $-25x^2 + 20x - 4 \leqslant 0$

d) $9x^2 - 30x + 25 \leqslant 0$

e) $2x^2 - 7x + 8 > 0$

f) $5x^2 - 3x + 1 < 0$

g) $-3x^2 + 6x - 5 \leqslant 0$

h) $-4x^2 + 5x - \geqslant 0$

i) $x^2 - 2x - 2 < 0$

146 Resolver as seguintes inequações:

a) $2x^2 - 4x - 1 \geq 0$

b) $2x^2 - 12x \leq 0$

c) $4x^2 - 9 > 0$

d) $-3x^2 + 12 \geq 0$

e) $-7x^2 - 28x < 0$

f) $-6x^2 + 18x > 0$

g) $-2x^2 + 24 \leq 0$.

h) $72x^2 > 0$

i) $-8x^2 < 0$

j) $171x^2 < 0$

147 Resolver as seguintes equações:

a) $-2x^2 \leq 0$

b) $(\sqrt{2} + \pi)x^2 \geq 0$

c) $3\sqrt{5}\, x^2 \leq 0$

d) $-7x^2 \geq 0$

e) $(\sqrt{7} - \sqrt{2})x^2 \leq 0$

f) $(\sqrt{7} - \pi)x^2 \leq 0$

g) $x^2 + 1 > 0$

h) $3x^2 + 7 \geq 0$

i) $5x^2 + 7 < 0$

j) $-3x^2 - 7 < 0$

k) $-5x^2 - 18 \leq 0$

l) $-9x^2 - 4 > 0$

148 De acordo com o que foi aprendido, escrever diretamente o conjunto solução nos casos:

a) $9x^2 > 0$

b) $7x^2 \geq 0$

c) $4x^2 < 0$

d) $5x^2 \leq 0$

e) $-20x^2 < 0$

f) $-9x^2 \leq 0$

g) $-4x^2 > 0$

h) $-8x^2 \geq 0$

i) $x^2 + 4 > 0$

j) $x^2 + 7 \leq 0$

k) $x^2 + 8 < 0$

l) $2x^2 + 11 \leq 0$

m) $-x^2 - 7 < 0$

n) $-x^2 - 3 \leq 0$

o) $-x^2 - 4 > 0$

p) $-9x^2 - 7 \geq 0$

q) $4x^2 + \sqrt{2} \geq 0$

r) $-4x^2 - \pi < 0$

s) $-7x^2 \geq 0$

t) $-4x^2 \leq 0$

Resp: 144 a) $S = \left\{x \in \mathbb{R} \mid x < -\frac{2}{3} \lor x > 5\right\}$ b) $S = \left\{x \in \mathbb{R} \mid -2 < x < \frac{5}{6}\right\}$ c) $S = \left\{x \in \mathbb{R} \mid \frac{5}{4} \leq x \leq 3\right\}$

145 a) $S = \mathbb{R} - \left\{\frac{4}{3}\right\} = \left\{x \in \mathbb{R} \mid x \neq \frac{4}{3}\right\}$ b) $S = \varnothing$ c) $S = \mathbb{R}$ d) $S = \frac{5}{3}$ e) $S = \mathbb{R}$ f) $S = \varnothing$

g) $S = \mathbb{R}$ h) $S = \varnothing$ i) $S = \left\{x \in \mathbb{R} \mid 1 - \sqrt{3} < x < 1 + \sqrt{3}\right\}$

2 – Inequação na forma de produto ou quociente

Sendo f(x), g(x), h(x), ... funções polinomiais, vamos considerar inequações do tipo

$$f(x) \cdot g(x) > 0, \quad \frac{f(x) \cdot g(x)}{h(x)} < 0, \quad \frac{f(x)}{g(x) \cdot hx} \geq 0, \quad f(x) \cdot g(x) \cdot h(x) \leq 0$$

Para resolver este tipo de inequação estudamos os sinais das funções e depois fazemos a multiplicação dos sinais em todos os intervalos obtidos, para escolher os valores de **x** que satisfazem a condição dada.

Utilizamos para isto o dispositivo prático já visto.

Exemplo 1: $\underbrace{(2x-10)}_{f} \underbrace{(2x^2 + x - 1)}_{g} < 0$

1) Cálculo das raízes dos fatores f e g:

$2x - 10 = 0 \Rightarrow x = 5$

$2x^2 + x - 1 = 0 \Rightarrow \Delta = 1 + 8 = 9 \Rightarrow x = \dfrac{-1 \pm 3}{4} \Rightarrow x = -1 \lor x = \dfrac{1}{2}$

2) Fazemos o quadro de sinais para determinar os sinais da expressão E nos intervalos obtidos:

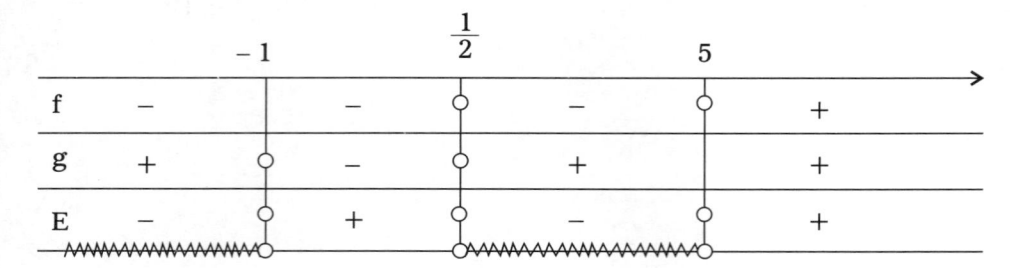

		-1		$\frac{1}{2}$		5	
f	$-$		$-$		$-$		$+$
g	$+$		$-$		$+$		$+$
E	$-$		$+$		$-$		$+$

$E = f \cdot g < 0 \Rightarrow S = \left\{ x \in \mathbb{R} \mid x < -1 \lor \dfrac{1}{2} < x < 5 \right\}$

Se fosse a inequação $f \cdot g \leq 0$ a resposta seria:

$S = \left\{ x \in \mathbb{R} \mid x \leq -1 \lor \dfrac{1}{2} \leq x \leq 5 \right\}$

Exemplo 2: $\dfrac{-2x + 6}{-3x^2 + 15x + 18} \geq 0$

1) Cálculo das raízes do numerador f e denominador g da expressão $E = \dfrac{f}{g}$.

$-2x + 6 = 0 \Rightarrow -x + 3 = 0 \Rightarrow x = 3$

$-3x^2 + 15x + 18 = 0 \Rightarrow x^2 - 5x - 6 = 0 \Rightarrow (x - 6)(x + 1) = 0 \Rightarrow x = 6 \lor x = -1$

2) Quadro de sinais. Note que os valores de x que tornam E = 0 também vão para a solução. Os valores que anulam o denominador não servem.

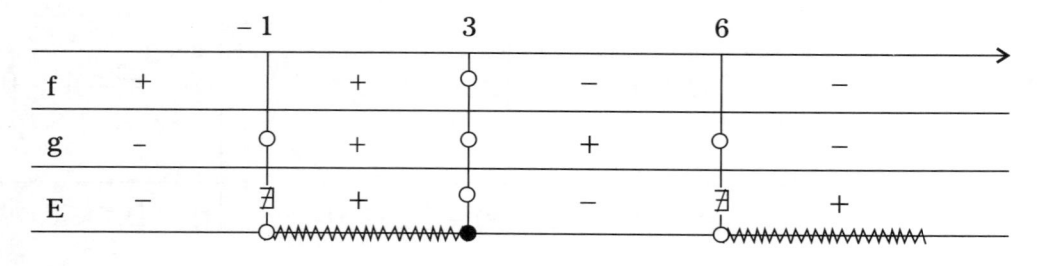

		-1		3		6	
f	$+$		$+$		$-$		$-$
g	$-$		$+$		$+$		$-$
E	$-$	∄	$+$		$-$	∄	$+$

$S = \{ x \in \mathbb{R} \mid -1 < x \leq 3 \lor x > 6 \}$

149 Resolver as seguintes inequações:

a) $(x^2 - 6x - 7)(x^2 - 4x + 3) \geq 0$

b) $\dfrac{x^2 - 3x - 10}{x^2 + 4x - 21} \leq 0$

c) $\dfrac{-x^2 - 5x + 24}{(-2x - 6)(x^2 - 6x + 5)} \geq 0$

Resp: **146** a) $S = \left\{ x \in \mathbb{R} \mid x \leq \dfrac{2-\sqrt{6}}{2} \vee x \geq \dfrac{2+\sqrt{6}}{2} \right\}$ b) $S = [0, 6] = \{x \in \mathbb{R} \mid 0 \leq x \leq 6\}$ c) $S = \left\{ x \in \mathbb{R} \mid x < -\dfrac{3}{2} \vee x > \dfrac{3}{2} \right\}$

d) $S = [-2, 2]$ e) $S =]-\infty, -4[\cup]0, +\infty[$ f) $S =]0, 3[= \{x \in \mathbb{R} \mid 0 < x < 3\}$ g) $S = \{x \in \mathbb{R} \mid x \leq -2\sqrt{3} \vee x \geq 2\sqrt{3}\}$

h) $S = \mathbb{R}^* = \mathbb{R} - \{0\}$ i) $S = \mathbb{R}^* = \mathbb{R} - \{0\}$ j) $S = \varnothing$ **147** a) $S = \mathbb{R}$ b) $S = \mathbb{R}$ c) $S = \{0\}$

d) $S = \{0\}$ e) $S = \{0\}$ f) $S = \mathbb{R}$ g) $S = \mathbb{R}$ h) $S = \mathbb{R}$ i) $S = \varnothing$ j) $S = \mathbb{R}$ k) $S = \mathbb{R}$ l) $S = \varnothing$

148 a) $S = \mathbb{R}^*$ b) $S = \mathbb{R}$ c) $S = \varnothing$ d) $S = \{0\}$ e) $S = \mathbb{R}^*$ f) $S = \mathbb{R}$ g) $S = \varnothing$ h) $S = \{0\}$ i) $S = \mathbb{R}$ j) $S = \mathbb{R}$

k) $S = \varnothing$ l) $S = \varnothing$ m) $S = \mathbb{R}$ n) $S = \mathbb{R}$ o) $S = \varnothing$ p) $S = \varnothing$ q) $S = \mathbb{R}$ r) $S = \mathbb{R}$ s) $S = \{0\}$ t) $S = \{0\}$

150 Resolver as seguintes inequações:

a) $\dfrac{(-2x^2+4x-3)(7x^2-63)}{-13\pi(2x^2-8x+8)} \geq 0$

b) $\dfrac{(-2x+10)(-x^2-9)(x^2+6x-27)}{-117(-3x^2+27)(x^2-6x+10)} \leq 0$

3 – Sistema de inequações

Chamamos de sistema de inequações, duas ou mais inequações cuja solução é o conjunto de todos os valores que satisfazem a todos essas inequações.

Resolvemos todas as inequações do sistema e a solução do sistema será a intersecção das soluções obtidas.

Exemplo 1: $\begin{cases} 2x - 1 \leqslant 9 \\ 4x - 1 < 7x + 11 \end{cases}$

(1) $\quad 2x - 1 \leqslant 9$
$\quad\quad 2x \leqslant 10$
$\quad S_1: \quad x \leqslant 5$

(2) $\quad 4x - 1 < 7x + 11$
$\quad\quad -3x < 12$
$\quad\quad 3x > -12$
$\quad S_2: \quad x > -4$

$S = S_1 \cap S_2 = \{x \in \mathbb{R} \mid -4 < x \leqslant 5\}$

Exemplo 2: $\begin{cases} x^2 - 2x - 8 \geqslant 0 \\ x^2 - x - 30 < 0 \end{cases}$

(1) $x^2 - 2x - 8 \geqslant 0$
$\quad x^2 - 2x - 8 = 0$
$\quad (x - 4)(x + 2) = 0$
$\quad x = 4 \ \lor \ x = -2$

(2) $x^2 - x - 30 < 0$
$\quad x^2 - x - 30 = 0$
$\quad (x - 6)(x + 5) = 0$
$\quad x = 6 \ \lor \ x = -5$

$S = S_1 \cap S_2$
$S = \{x \in \mathbb{R} \mid -5 < x \leqslant -2 \ \lor \ 4 \leqslant x < 6\}$

151 Resolver os seguintes sistemas:

a) $\begin{cases} 7x - 3 < 4x + 18 \\ 5x + 9 \leqslant 7x + 27 \end{cases}$

b) $\begin{cases} 3x^2 - 4x < 12 + 3x^2 \\ -x^2 + 8x - 12 \leqslant 0 \end{cases}$

Resp: 149 a) $S = \{x \in \mathbb{R} \mid x \leqslant -1 \lor 1 \leqslant x \leqslant 3 \lor x \geqslant 7\}$ b) $S = \{x \in \mathbb{R} \mid -7 < x \leqslant -2 \lor 3 < x \leqslant 5\}$
c) $S = \{x \in \mathbb{R} \mid -8 \leqslant x < -3 \lor 1 < x \leqslant 3 \lor x > 5\}$

152 Resolver os seguintes sistemas:

a) $\begin{cases} (2x-4)(x^2-7x-8) \leq 0 \\ \dfrac{-9x-27}{-x^2+14x-40} \geq 0 \end{cases}$

b) $\begin{cases} 2x-6 \leq 0 \\ (3x-5)(x^2+2x-3) \geq 0 \\ \dfrac{3x^2+4x-15}{x^2+x-12} \leq 0 \end{cases}$

Lembre-se de que $f(x) < g(x) < h(x) \Leftrightarrow f(x) < g(x) \land g(x) < h(x) \Leftrightarrow \begin{cases} f(x) < g(x) \\ g(x) < h(x) \end{cases}$

Então a expressão $f(x) < g(x) < h(x)$ é um sistema da inequações.

Quando houver variável apenas na função do "meio" e ainda apenas do 1º grau, podemos resolver diretamente.

Exemplo: $-7 < 5x + 8 < 33 \Leftrightarrow -7 - 8 < 5x < 33 - 8 \Leftrightarrow$
$-15 < 5x < 25 \Leftrightarrow \dfrac{-15}{5} < x < \dfrac{25}{5} \Leftrightarrow \boxed{-3 < x < 5}$

Quando há variável nos outros membros ou apenas na do "meio", mas for do 2º grau, transformamos a dupla desigualdade e resolvemos o sistema.

Exemplos:

1) $3x - 1 \leqslant 2x + 7 < 3x + 2$

$\begin{cases} 3x - 1 \leqslant 2x + 7 \\ 2x + 7 < 3x + 2 \end{cases} \Rightarrow \begin{cases} 3x - 2x \leqslant 1 + 7 \\ 2x - 3x < -7 + 2 \end{cases} \Rightarrow \begin{cases} x \leqslant 8 \\ -x < -5 \end{cases} \Rightarrow \begin{cases} x \leqslant 8 \\ x > 5 \end{cases} \Rightarrow 5 < x \leqslant 5$

Se for necessário, determinar a interseção com auxílio da reta dos números reais.

$\{x \in \mathbb{R} \mid 5 < x \leqslant 8\}$

2) $13 - 2x < x^2 + 2x + 8 \leqslant -2x + 29$

$\begin{cases} x^2 + 2x + 8 > 13 - 2x \\ x^2 + 2x + 8 \leqslant -2x + 29 \end{cases} \Rightarrow \begin{cases} x^2 + 4x - 5 > 0 \\ x^2 + 4x - 21 \leqslant 0 \end{cases}$

$x^2 + 4x - 5 = 0 \Rightarrow (x + 5)(x - 1) = 0 \Rightarrow x = -5 \lor x = 1$

$x^2 + 4x - 21 = 0 \Rightarrow (x + 7)(x - 3) = 0 \Rightarrow x = -7 \lor x = 3$

$S = \{x \in \mathbb{R} \mid -7 \leqslant x < -5 \lor 1 < x \leqslant 3\}$

153 Determinar x real que satisfaça a condição dada, nos casos:

a) $-7 < 2x + 5 \leqslant 21$

b) $13 \geqslant 5x - 7 > -12$

c) $-10 < 5 - 3x \leqslant 35$

Resp: **150** a) $S = \{x \in \mathbb{R} \mid x \leqslant -3 \lor x \geqslant 3\}$

b) $S = \{x \in \mathbb{R} \mid x < 3 \lor 3 < x < 2 \lor 3 < x < 5 \lor 5 < x \leqslant 9\}$ ou
$S = \{x \in \mathbb{R} \mid (x < 2 \lor 3 < x \leqslant 9) \land x \neq -3 \land x \neq 5\}$ ou
$S = \{x \in \mathbb{R} \mid x < 2 \lor 3 < x \leqslant 9\} - \{-3; 5\}$

151 a) $S = S_1 \cap S_2 = \{x \in \mathbb{R} \mid -9 \leqslant x < 7\}$

b) $S = \{x \in \mathbb{R} \mid -3 < x \leqslant 2 \lor x \geqslant 6\}$

154 Resolver:

a) $-9 \leqslant 5 - 2x < 1$

b) $8 \geqslant 2 - 3x \geqslant -13$

c) $1 \geqslant 1 - 5x > -19$

d) $4x - 5 \leqslant 6x - 17 < 2x + 15$

e) $2x - 3 < 8 - 3x \leqslant 2x + 7$

f) $-7x - 3 \leqslant x^2 - 9x - 11 < 2x^2 - 18x + 3$

g) $0 < x^2 - 1 \leqslant x^2 - x + 4$

155 Resolver as seguintes inequações:

a) $x^3 - 5x^2 - 9x + 45 \leq 0$

b) $x^6 - 64 \leq 0$

c) $x^5 + x^4 - 6x^3 - 27x^2 - 27x + 162 \geq 0$

Resp: **152** a) $S = \{x \in \mathbb{R} \mid -3 \leq x \leq -1 \vee 2 \leq x < 4\}$ b) $S = \{x \in \mathbb{R} \mid x = -3 \vee \frac{5}{3} \leq x < 3\}$ **153** a) $-6 < x \leq 8$ b) $4 \geq x > -1$ ou
  c) $5 > x \geq -10$ ou $\qquad -1 < x \leq 4$
  $-10 \leq x < 5$

156 Dada a equação $(m-3)x^2 - 2(m+2)x + 5m + 16 = 0$, determinar **m** para que a equação tenha raízes reais e iguais.

157 Dada a equação do 2º grau com parâmetro real **m**, determinar **m** de modo que a equação não tenha raízes reais, nos casos:

a) $2x^2 - 4x - (3m - 4) = 0$

b) $(2m - 3)x^2 - 6x + 3 = 0$

158 Dada a equação do 2º grau com parâmetro real **m**, determinar **m** de modo que a equação tenha raízes reais diferentes.

a) $(2m - 1)x^2 - 8x + 2 = 0$

b) $3mx^2 - (6m - 4)x - (2 - 3m) = 0$

159 Dada a equação do 2º grau $(m + 2)x^2 - (3m + 6)x + 2m + 5 = 0$, determinar **m** de modo que suas raízes sejam reais e iguais.

160 Em cada caso temos uma equação do 2º grau de raízes reais e iguais. Determinar esta raiz.

a) $mx^2 - 2(m-3)x + m - 8 = 0$

b) $x^2 - (4m-2)x - (7-4m^2) = 0$

c) $(2m+3)x^2 - 2(m+3)x + 2(m-1) = 0$

161 Se 2 é uma das raízes de $(m-1)x^2 - 2mx + 2m - 4 = 0$, qual é a outra raiz?

Resp: 154 a) $S = \{x \in \mathbb{R} | 2 \leq x \leq 7\}$ b) $\{x \in \mathbb{R} | -2 \leq x \leq 5\}$ c) $\{x \in \mathbb{R} | 0 \leq x < 4\}$ d) $\{x \in \mathbb{R} | 6 \leq x < 8\}$ e) $\left\{x \in \mathbb{R} | \frac{1}{5} \leq x < \frac{11}{5}\right\}$
f) $\{x \in \mathbb{R} | x \leq -2 \vee x > 7\}$ g) $S = \{x \in \mathbb{R} | x < -1 \vee 1 < x \leq 5\}$ **155** a) $S = \{x \in \mathbb{R} | x \leq -3 \vee 3 \leq x \leq 5\}$
b) $S = \{x \in \mathbb{R} | -2 \leq x \leq 2\}$ c) $S = \{x \in \mathbb{R} | -3 \leq x \leq 2 \vee x \geq 3\}$

162 Mostrar que se a equação $x^2 - mx + n = 0$ tem raízes reais, então $x^2 - (m - 2n)x + n(n - m + 1) = 0$ também terá raízes reais.

163 Determinar m de modo que a equação $(m - 2)x^2 - (m + 3)x + 2m + 3 = 0$ tenha raízes reais e distintas.

164 Determinar m de modo que a equação $(m + 2)x^2 - (3m + 6)x - m + 11 = 0$ não tenha raízes reais.

Adendo: Fatoração do trinômio $ax^2 + bx + c$

Vamos mostrar que o trinômio $ax^2 + bx + c$ com raízes reais x' e x" pode ser escrito na forma fatorada. Ou seja:

$$ax^2 + bx + c = a(x - x')(x - x")$$

Sabemos que sendo x' e x" as raízes do trinômio $ax^2 + bx + c$, então $S = x' + x" = -\dfrac{b}{a}$ e $P = x' \cdot x" = \dfrac{c}{a}$.

Pondo **a** em evidência, obtemos:

$$ax^2 + bx + c = a\left(x^2 + \frac{b}{a}x + \frac{c}{a}\right) = a\left[x^2 - \left(-\frac{b}{a}\right)x + \frac{c}{a}\right]$$

$$= a[x^2 - (x' + x")x + x' \cdot x"] =$$

$$= a[x^2 - xx' - xx" + x'x"] =$$

$$= a[x(x - x') - x"(x - x')] =$$

$$= a[(x - x')(x - x")] = a(x - x')(x - x"). \text{ Então:}$$

$$\boxed{ax^2 + bx + c = a(x - x')(x - x")}$$

Exemplo 1:

1) $2x^2 - 7x + 3$. Determinamos primeiramente as suas raízes:

$2x^2 - 7x + 3 = 0 \Rightarrow \Delta = 49 - 24 = 25 \Rightarrow x = \dfrac{7 \pm 5}{4} \Rightarrow x' = 3$ e $x" = \dfrac{1}{2}$

Como $ax^2 + bx + c = a(x - x')(x - x")$, temos:

$2x^2 - 7x + 3 = 2(x-3)\left(x - \dfrac{1}{2}\right) = (x-3)(2x-1)$

Exemplo 2:

2) $6x^2 + 5x - 6$. Determinamos primeiramente as suas raízes.

$6x^2 + 5x - 6 = 0 \Rightarrow \Delta = 25 + 144 = 169 \Rightarrow x = \dfrac{-5 \pm 13}{12} \Rightarrow x' = \dfrac{2}{3}$ e $x" = -\dfrac{3}{2}$

Como $ax^2 + bx + c = a(x - x')(x - x")$, temos:

$6x^2 + 5x - 6 = 6\left(x - \dfrac{2}{3}\right)\left(x + \dfrac{3}{2}\right) = 2 \cdot 3\left(x - \dfrac{2}{3}\right)\left(x + \dfrac{3}{2}\right) = (3x - 2)(2x + 3)$

Exemplo 3: $4x^2 - 8x + 1$. Determinamos primeiramente as raízes do trinômios.

$4x^2 - 8x + 1 = 0 \Rightarrow \Delta = 64 - 16 = 48 = 16 \cdot 3 \Rightarrow x = \dfrac{8 \pm 4\sqrt{3}}{8} = \dfrac{2 \pm \sqrt{3}}{2}$

$ax^2 + bx + c = a(x - x')(x - x") \Rightarrow$

$4x^2 - 8x + 1 = 4\left(x - \dfrac{2 + \sqrt{3}}{2}\right)\left(x - \dfrac{2 - \sqrt{3}}{2}\right) = 2 \cdot 2\left(x - \dfrac{2 + \sqrt{3}}{2}\right)\left(x - \dfrac{2 - \sqrt{3}}{2}\right)$

$4x^2 - 8x + 1 = (2x - 2 - \sqrt{3})(2x - 2 + \sqrt{3})$

Resp: **156** $m = 4$ ou $m = -\dfrac{13}{4}$ **157** a) $m < \dfrac{2}{3}$ b) $m > 3$ **158** a) $m < \dfrac{2}{3}$ b) $m < \dfrac{9}{2}$ **159** $m = 2$ **160** a) $\dfrac{5}{3}$ b) 3 c) $m = 3 \Rightarrow x = \dfrac{2}{3}, m = -\dfrac{5}{3} \Rightarrow x = -4$ **161** $\dfrac{2}{3}$

Exemplo 4: $4x^2 - 6x + 1$.   Determinamos primeiramente as raízes do trinômio.

$$4x^2 - 6x + 1 = 0 \Rightarrow \Delta = 36 - 16 = 20 = 4 \cdot 5 \Rightarrow x = \frac{6 \pm 2\sqrt{5}}{8} = \frac{3 \pm \sqrt{5}}{4}$$

$$4x^2 - 6x + 1 = 4\left(x - \frac{3 + \sqrt{5}}{4}\right)\left(x - \frac{3 - \sqrt{5}}{4}\right) = 4\left(\frac{4x - 3 - \sqrt{5}}{4}\right)\left(\frac{4x - 3 + \sqrt{5}}{4}\right)$$

$$4x^2 - 6x + 1 = \frac{4}{16}(4x - 3 - \sqrt{5})(4x - 3 + \sqrt{5}) = \frac{1}{4}(4x - 3 - \sqrt{5})(4x - 3 + \sqrt{5})$$

Exemplo 5: $\frac{1}{4}x^2 - \frac{3}{2}x + 2$.   Reduzimos primeiramente ao mesmo denominador.

$$\frac{1}{4}x^2 - \frac{3}{2}x + 2 = \frac{x^2 - 6x + 8}{4} = \frac{1}{4}(x^2 - 6x + 8) = \frac{1}{4}(x - 2)(x - 4)$$

Exemplo 6: $x^2 + \frac{7}{2}x - 2$.   Reduzimos primeiramente ao mesmo denominador.

$$x^2 + \frac{7}{2}x - 2 = \frac{2x^2 + 7x - 4}{2} = \frac{1}{2}(2x^2 + 7x - 4)$$

$$2x^2 + 7x - 4 = 0 \Rightarrow \Delta = 49 + 32 = 81 \Rightarrow x = \frac{-7 \pm 9}{4} \Rightarrow x' - 4, x'' = \frac{1}{2}$$

$$x^2 + \frac{7}{2}x - 2 = \frac{1}{2}(2x^2 + 7x - 4) = \frac{1}{2}\left[2 \cdot (x - (-4))\left(x - \frac{1}{2}\right)\right] = \frac{1}{2}\left[2(x + 4)\left(x - \frac{1}{2}\right)\right]$$

$$= \frac{1}{2}(x + 4)(2x - 1)$$

165 Fatorar os trinômios.

a) $5x^2 + 9x - 2$

b) $8x^2 - 14x + 3$

c) $3x^2 - 7x - 6$

166 Fatorar os trinômios.

a) $10x^2 + 3x - 4$

b) $8x^2 - 18x + 9$

c) $18x^2 - 27x + 10$

d) $24x^3 + 4x^2 - 48x$

e) $4x^4 - 17x^2 + 4$

f) $12x^5 - 15x^3 - 27x$

Resp: **163** $\{m \in \mathbb{R} \mid -\frac{11}{7} < m < 3\}$ **164** $\{m \in \mathbb{R} \mid -2 < m < 2\}$

167 Fatorar os seguintes trinômios.

a) $x^2 - 6x - 41$

b) $x^2 - 10x + 22$

c) $4x^2 - 8x + 1$

d) $4x^2 - 16x - 11$

e) $2x^2 - 4x - 7$

f) $8x^2 - 16x - 1 = 0$

g) $x^2 + \dfrac{5}{4}x - \dfrac{3}{2} = \dfrac{4x^2 + 5x - 6}{4} = \dfrac{1}{4}(4x^2 + 5x - 6)$

168 Simplificar as seguintes frações:

a) $\dfrac{4x^2 - 9}{2x^2 - 7x + 6} =$

b) $\dfrac{5x^2 + 3x - 2}{x^2 + 8x + 7} =$

c) $\dfrac{2x^2 + 5x - 3}{4x^2 - 12x + 5} =$

169 Simplificar a expressão $\dfrac{2x^2 - 7x + 5}{x^2 + x - 2} \cdot \dfrac{3x^2 + 2x - 8}{10x^2 - 33x + 20}$.

Resp: **165** a) $(x + 2)(5x - 1)$ b) $(2x - 3)(4x - 1)$ c) $(x - 3)(3x + 2)$ **166** a) $(2x - 1)(5x + 4)$ b) $(2x - 3)(4x - 3)$
c) $(3x - 2)(6x - 5)$ d) $4x(3x - 4)(2x + 3)$ e) $(x + 2)(x - 2)(2x + 1)(2x - 1)$ f) $3x(x^2 + 1)(2x + 3)(2x - 3)$

5 – Exercícios de Fixação

Já vimos que um retângulo inscrito em um triângulo, como mostra a figura, tem área máxima quando o lado paralelo ao lado do triângulo mede a metade deste.
Ou seja, quando ele for a base média do triângulo.

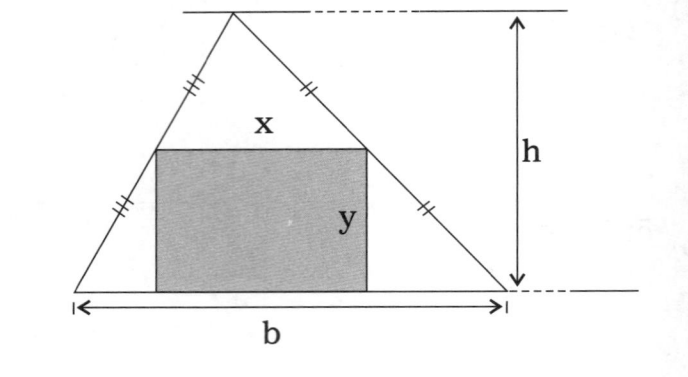

Retângulo tem área máxima

$$\Rightarrow x = \frac{b}{2} \quad e \quad y = \frac{h}{2}$$

Usar este fato para resolver os próximos 4 exercícios.

170 (UEG – 2012) Em um terreno, na forma de um triângulo retângulo, será construido um jardim retangular conforme figura abaixo:

Sabendo que os dois menores lados do terreno medem 9 m e 4 m, as dimensões do jardim para que ele tenha a maior área possivel serão, respectivamente,

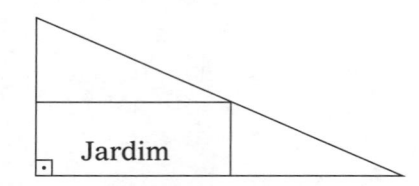

a) 2,0 m e 4,5 m
b) 3,0 m e 4,0 m
c) 3,5 m e 5,0 m
d) 2,5 m e 7,0 m

171 (ACAFE – 2016) Considere o retângulo da figura abaixo, com um lado contido na reta s: x – 2 = 0, o outro no eixo das abscissas e um vértice **P** na reta **r** que passa pelos pontos A (10,0) e B (2,8).

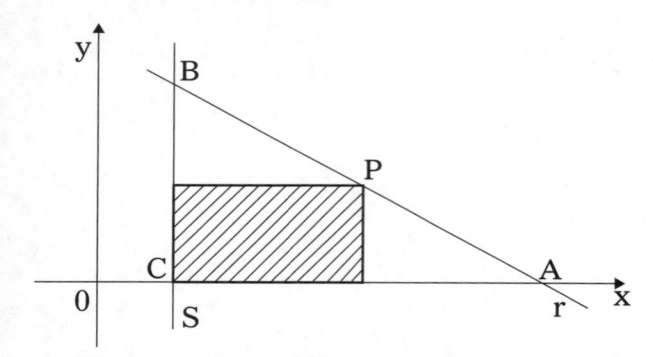

O valor da área máxima do retângulo hachurado, em unidades de área, equivale a:

a) quarta parte da área do triângulo ABC.
b) área de um retângulo cujo perímetro 20 u.c.
c) área de um quadrado de lado 4 u.c.
d) área de um quadrado de lado 6 u.c.

172 (UERJ – 2016) Em um triângulo equilátero de perímetro igual a 6 cm, inscreve-se um retângulo de modo que um de seus lados fique sobre um dos lados do triângulo. Observe a figura:

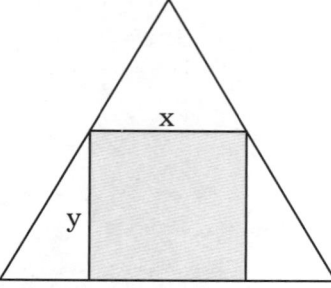

Admitindo que o retângulo possui a maior área possível, determine, em centímetros, as medidas **x** e **y** de seus lados.

173 (UERJ – 2014) O gráfico abaixo mostra o segmento de reta AB, sobre o qual um ponto C (p, q) se desloca de A até B (3, 0). O produto das distâncias do ponto C aos eixos coordenados é variável e tem valor máximo igual a 4,5. O comprimento do segmento AB corresponde a:

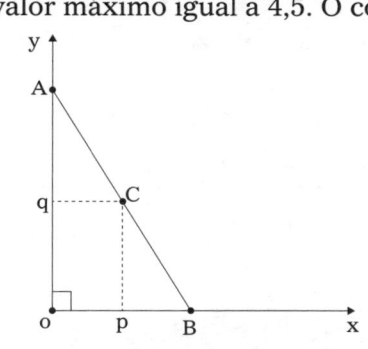

a) 5
b) 6
c) $3\sqrt{5}$
d) $6\sqrt{2}$

174 (UPE – 2015) Na figura a seguir, o triângulo isósceles OAB tem vértice na origem e base AB paralela ao eixo x. Da mesma forma que ele, existem vários outros como o triângulo isósceles OPQ.

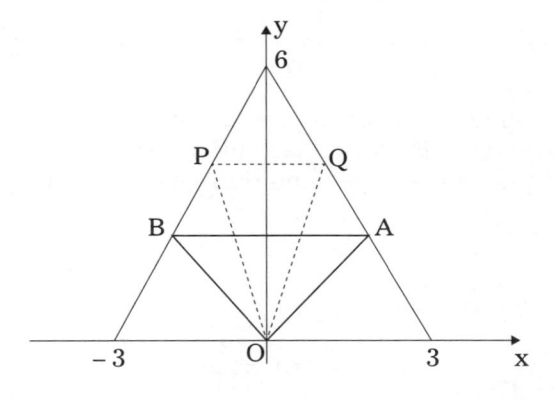

Dentre eles, qual é a área do triângulo que tem a maior área possível?

a) 4, 5
b) 6, 0
c) 6, 5
d) 9, 0
e) 9, 5

175 (ENEM PPL – 2012) O apresentador de um programa de auditório propôs aos participantes de uma competição a seguinte tarefa: cada participante teria 10 minutos para recolher moedas douradas colocadas aleatoriamente em um terreno destinado à realização da competição. A pontuação dos competidores seria calculada ao final do tempo destinado a cada um dos participantes, no qual as moedas coletadas por eles seriam contadas e a pontuação de cada um seria calculada, subtraindo do número de moedas coletadas uma porcentagem de valor igual ao número de moedas coletadas. Dessa forma, um participante que coletasse 60 moedas teria sua pontuação calculada da seguinte forma: pontuação = 60 – 36 (60% de 60) = 24. O vencedor da prova seria o participante que alcançasse a maior pontuação. Qual será o limite máximo de pontos que um competidor pode alcançar nessa prova?

a) 0   b) 25   c) 50   d) 75   e) 100

176 (UERJ – 2001) A figura a seguir mostra um anteparo parabólico que é representado pela função $f(x) = \left(-\dfrac{\sqrt{3}}{3}\right)x^2 + 2\sqrt{3}\,x$:

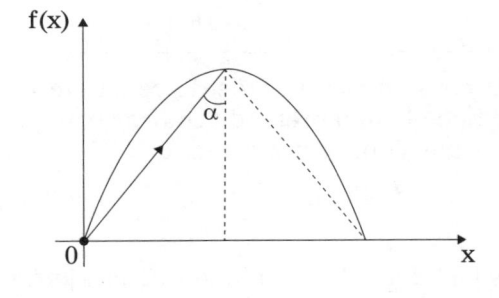

Uma bolinha de aço é lançada da origem e segue uma trajetória retilínea. Ao incidir no vértice do anteparo é refletida e a nova trajetória é simétrica à inicial, em relação ao eixo da parábola.

O valor do ângulo de incidência α corresponde a:

a) 30°   b) 45°
c) 60°   d) 75°

Resp: **167** a) $(x-3-5\sqrt{2})(x-3+5\sqrt{2})$ b) $(x-5-\sqrt{3})(x-5+\sqrt{3})$ c) $(2x-2-\sqrt{3})(2x-2+\sqrt{3})$
d) $(2x-4-3\sqrt{3})(2x-4+3\sqrt{3})$ e) $\frac{1}{2}(2x-2-3\sqrt{2})(2x-2+3\sqrt{2})$ f) $\frac{1}{2}(4x-4-3\sqrt{2})(4x-4+3\sqrt{2})$
g) $\frac{1}{4}(x+2)(4x-3)$ **168** a) $\dfrac{2x+3}{x-2}$ b) $\dfrac{5x-1}{x+7}$ c) $\dfrac{x+3}{2x-5}$ **169** $\dfrac{3x-4}{5x-4}$

177 (UFPR – 2017) Um agricultor tem arame suficiente para construir 120 m de cerca, com os quais pretende montar uma horta retangular de tamanho a ser decidido.

a) Se o agricultor decidir fazer a horta com todos os lados de mesmo tamanho e utilizar todo o arame disponível cercando apenas três dos seus lados, qual será a área da horta?

b) Qual é a área máxima que a horta pode ter se apenas três dos seus lados forem cercados e todo o arame disponível for utilizado?

178 (G1 – EPCAR – 2018) De acordo com o senso comum, parece que a juventude tem gosto por aventuras radicais. Os alunos do CPCAR não fogem dessa condição.

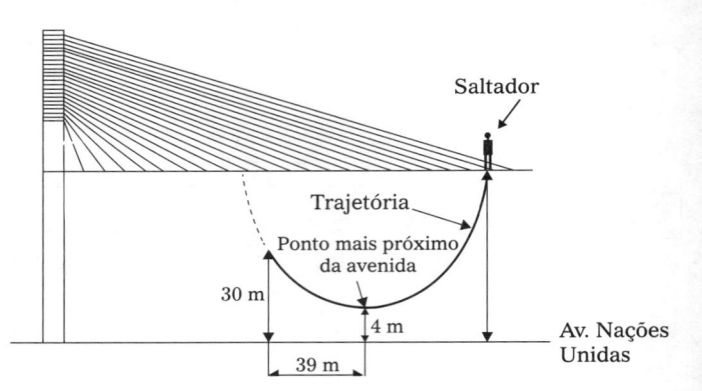

Durante as últimas férias, um grupo desses alunos se reuniu para ir a São Paulo com o objetivo de saltar de "Bungee Jumping" da Ponte Octávio Frias de Oliveira, geralmente chamada de "Ponte Estaiada". Em uma publicação na rede social de um desses saltos, eles, querendo impressionar, colocaram algumas medidas fictícias da aproximação do saltador em relação ao solo. Considere que a trajetória que o saltador descreve possa ser modelada por uma função polinomial do 2º grau $f(x) = ax^2 + bx + c$, cujo eixo das abscissas coincida com a reta da Av. Nações Unidas e o eixo das ordenadas contenha o "ponto mais próximo da Avenida", indicados na figura.

Considere, também, as medidas informadas.

O coeficiente de x^2 da função com as características sugeridas é igual a:

a) $\dfrac{22}{1521}$ b) $\dfrac{2}{117}$ c) $\dfrac{13}{1521}$ d) $\dfrac{13}{117}$

179 (ESPM – 2017) O lucro de uma pequena empresa é dado por uma função quadrática cujo gráfico está representado na figura abaixo:

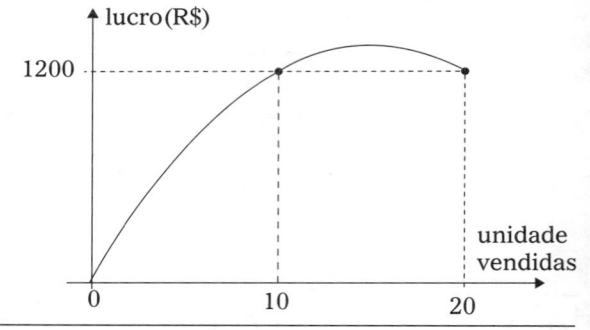

Podemos concluir que o lucro máximo é de:

a) R$ 1 280,00
b) R$ 1 400,00
c) R$ 1 350,00
d) R$ 1 320,00
e) R$ 1 410,00

180 (UECE – 2017) Se x e y são números reais tais que $5y + 2X = 10$. então, o menor valor que $x^2 + y^2$ pode assumir é

a) $\dfrac{70}{13}$ b) $\dfrac{97}{17}$ c) $\dfrac{100}{29}$ d) $\dfrac{85}{31}$

181 (FGV – 2017) Um fazendeiro dispõe de material para construir 60 metros de cerca em uma região retangular, com um lado adjacente a um rio. Sabendo que ele não pretende colocar cerca no lado do retângulo adjacente ao rio, a área máxima da superfície que conseguirá cercar é:

a) 430 m²   b) 440 m²   c) 460 m²   d) 470 m²   e) 450 m²

182 (G1 – IFAL – 2017) Em uma partida de futebol, umdos jogadores lança a bola e sua trajetória passa a obedecer à função $h(t) = 8t - 2t^2$, onde h é a altura da bola em relação ao solo medida em metros e t é o intervalo de tempo, em segundos, decorrido desde o instante em que o jogador chuta a bola. Nessas condições, podemos dizer que a altura máxima atingida pela bola é:

a) 2 m   b) 4 m   c) 6 m   d) 8 m   e) 10 m

183 (FGV – 2017) O índice de Angstrom (I_A), usado para alertas de risco de incêndio, é uma função da umidade relativa do ar (U), em porcentagem, e da temperatura do ar (T), em °C. O índice é calculado pela fórmula $I_A = \dfrac{U}{20} + \dfrac{27-T}{10}$, e sua interpretação feita por meio da tabela ao lado:

	Condição de ocorrência de incêndio
$I_A > 4$	improvável
$2{,}5 < I_A \leq 4$	desfavorável
$2 < I_A \leq 2,5$	favorável
$1 < I_A \leq 2$	provável
$I_A \leq 1$	muito provável

A temperatura T, em °C, ao longo das 24 horas de um dia, variou de acordo com a função $T(x) = -0{,}2x^2 + 4{,}8x$, sendo **x** a hora do dia ($0 \leq x \leq 24$). No horário da temperatura máxima desse dia, a umidade relativa do ar era de 35% (U = 35). De acordo com a interpretação do índice de Angstrom, nesse horário, a condição de ocorrência de incêndio era

a) improvável b) desfavorável c) favorável d) provável e) muito provável

184 (UEG – 2017) A temperatura, em graus Celsius, de um objeto armazenado em um determinado local é modelada pela função $f(x) = -\dfrac{x^2}{12} + 2x + 10$, com x dado em horas.
A temperatura máxima atingida por esse objeto nesse local de armazenamento é de

a) 0 °C b) 10 °C c) 12 °C d) 22 °C e) 24 °C

185 (PUCRJ – 2017) Um vendedor de picolés verificou que a quantidade diária de picolés vendidos (y) varia de acordo com o preço unitário de venda (p), conforme a lei y = 90 – 20p. Seja P o preço pelo qual o picolé deve ser vendido para que a receita seja máxima. Assinale o valor de P.

a) R$ 2,25 b) R$ 3,25 c) R$ 4,25 d) R$ 5,25 e) R$ 6,25

186 (UNESP – 2017) A figura representa, em vista superior, a casinha de um cachorro (retângulo BIDU) e a área externa de lazer do cachorro, cercada com 35 metros de tela vermelha totalmente esticada.

Calcule a área externa de lazer do cachorro quando x = 6 m. Determine, algebricamente, as medidas de x e y que maximizam essa área, mantidos os ângulos retos indicados na figura e as dimensões da casinha.

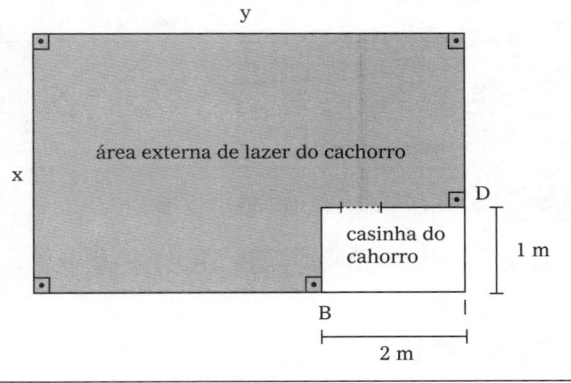

187 (Fac. Albert Einstein – Med – 2016) Suponha que, em janeiro de 2016, um economista tenha afirmado que o valor da dívida externa do Brasil era de 30 bilhões de reais. Nessa ocasião, ele também previu que, a partir de então, o valor da dívida poderia ser estimado pela lei $D(x) = -\dfrac{9}{2} \cdot x^2 + 18x + 30$ em que x é o número de anos contados a partir de janeiro de 2016 (x = 0). Se sua previsão for correta, o maior valor que a dívida atingirá, em bilhões de reais, e o ano em que isso ocorrerá, são, respectivamente:

a) 52 e 2020 b) 52 e 2018 c) 48 e 2020 d) 48 e 2018

Resp: **170** A **171** C **172** $x=1$ e $y=\dfrac{\sqrt{3}}{2}$ **173** C **174** A **175** B **176** A

188 (UNISINOS – 2016) Os alunos de uma escola irão fretar um ônibus com 50 lugares para um passeio ao jardim zoológico. Cada aluno deverá pagar R$ 40,00, mais R$ 2,00 para cada lugar vago. Para que quantidade de passageiros a empresa terá receita máxima?

a) 35 b) 37 c) 39 d) 43 e) 45

189 (ESPM – 2016) Um arquiteto projetou uma casa para ser construída num terreno retangular de 20 m por 38 m. A superfície ocupada pela casa, representada pela parte hachurada, deve atender às medidas indicadas na figura ao lado.

A maior área que essa casa pode ter é de:

a) 412 m² b) 384 m² c) 362 m²
d) 428 m² e) 442 m²

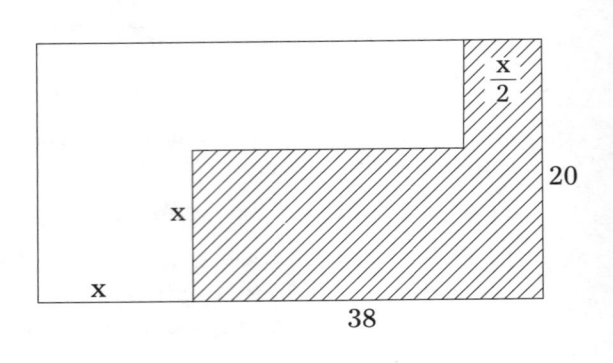

190 Resolver as seguintes inequações:

a) $(2x - 3)(4x - 1) \leq 4(2x + 3)(x - 1) - 3$

b) $(x - 2)^2 - x(x - 1) \geq 1 - 2x$

c) $3(x + 1)(x - 1) - 2(x + 1)(x^2 - x + 1) < 3(x - 2)^2 - 2x^3 + x - 1$

191 Resolver as inequações:

a) $(3x - 1)^2 - (x + 1)(x - 1) - (x - 1)^2 > (2x - 1)^2 - (x + 1)^2 + 6x$

b) $(x - 1)^3 - (x - 1)(x^2 + x + 1) \leq 2(x - 3)(x - 2) - 3(x^2 + 2)$

c) $\dfrac{x - 2}{3} - \dfrac{2x^2 - 3x}{2} - \dfrac{2x + 1}{5} \geq \dfrac{x^2 + 2}{3} - \dfrac{3x + 2}{2}$

192 Resolver as inequações:

a) $(2x^2 + 3x - 2)(x^2 - 5x + 4) \leq 0$

b) $(2x^2 + 3x - 2)(3x^2 - 5x - 2) > 0$

c) $7(2x - 1)(x^2 + 1)(x^2 + 3) < 0$

d) $2x(x^2 - 4)(4x^2 + x + 1) > 0$

e) $3x(4x^2 - 9)(2x^2 - x - 6) \geq 0$

f) $(-3x + 4)(x^2 - 16)(2x - x^2) < 0$

193 Resolver:

a) $\dfrac{4x^2 - 20x + 25}{3x^2 - 7x - 6} \geq 0$

b) $\dfrac{2x + 5}{9 - x^2} \leq 0$

c) $\dfrac{x^2 - 6}{12x - 6x^2} < 0$

d) $\dfrac{2x^2 + 3x - 2}{(3x - 1)(x^2 + x)(x^2 - x + 1)} \geq 0$

e) $\dfrac{(2x^2 - 3x - 9)(3x^2 - 8x + 4)}{(6 + x - 2x^2)(x^2 - 4x)} \geq 0$

194 Resolver as inequações:

a) $x^3 - 2x^2 - x + 2 < 0$ b) $x^3 - 3x^2 - 9x + 27 > 0$ c) $x^3 - 6x^2 + 12x - 8 > 0$

d) $x^5 - 4x^3 + 8x^2 - 32 > 0$ e) $2x^4 - 3x^3 - 16x + 24 \geqslant 0$

195 Resolver os seguintes sistemas de inequações:

a) $\begin{cases} \dfrac{3x+5}{7} + \dfrac{10-3x}{4} > \dfrac{2x+7}{3} - \dfrac{148}{21} \\ \dfrac{7x}{3} - \dfrac{11(x+11)}{6} > \dfrac{3x-1}{3} - \dfrac{13-x}{2} \end{cases}$

b) $\begin{cases} x^2 - 4x + 3 < 0 \\ 2x - 4 < 0 \end{cases}$

c) $\begin{cases} 2x^2 + 2 < 5x \\ x^2 \geq x \end{cases}$

d) $\begin{cases} x^2 < 9 \\ x^2 > 7 \end{cases}$

196 Resolver os seguintes sistemas de inequações:

a) $-2 < x + 1 \leq 3$ b) $-3 \leq 3x - 4 < 11$

c) $2x + 3 \leq 4x - 1 \leq x + 8$ d) $1 > 6x - 4(2x - 1) - 3 \geq -5$

e) $-2(4 - x) \leq 3x + 1 < 1 - 2(1 + 3x) + 10x$

f) $3x + 2(x + 2) < 2x - 4(x + 3) < 4 - 3(1 - x)$

g) $4 - x \leq \dfrac{2x+7}{3} < \dfrac{x+16}{4}$ h) $2 < x^2 - x \leq 6$

i) $-3 < 2x^2 - 7x < 15$

Resp: **177** a) 1600 m²   b) 1800 m²   **178** B   **179** C   **180** C   **181** E   **182** D   **183** D

184 D   **185** A   **186** x = 6 ⇒ 76. Máximo para x = y = 9,5   **187** D   **188** A   **189** B

190 a) $\{x \in \mathbb{R} | x \geq 1\}$ b) $\{x \in \mathbb{R} | x \leq 3\}$ c) $\{x \in \mathbb{R} | x < \dfrac{16}{11}\}$ **191** a) $\mathbb{R} - \{\dfrac{1}{2}\}$ b) $\{x \in \mathbb{R} | x \leq \dfrac{1}{2} \lor x \geq 6\}$

c) $\{x \in \mathbb{R} | \dfrac{1}{5} \leq x \leq 2\}$ **192** a) $\{x \in \mathbb{R} | -2 \leq x \leq \dfrac{1}{2} \lor 1 \leq x \leq 4\}$ b) $\{x \in \mathbb{R} | x < -2 \lor -\dfrac{1}{3} < x < \dfrac{1}{2} \lor x > 2\}$

c) $\{x \in \mathbb{R} | x < \dfrac{1}{2}\}$ d) $\{x \in \mathbb{R} | -2 < x < 0 \lor x > 2\}$ e) $\{x \in \mathbb{R} | x = -\dfrac{3}{2} \lor 0 \leq x \leq \dfrac{3}{2} \lor x \geq 2\}$

f) $\{x \in \mathbb{R} | x < -4 \lor 0 < x < \dfrac{4}{3} \lor 2 < x < 4\}$ **193** a) $\{x \in \mathbb{R} | x < -\dfrac{2}{3} \lor x = \dfrac{5}{2} \lor x > 3\}$

b) $\{x \in \mathbb{R} | -3 < x \leq -\dfrac{5}{2} \lor x > 3\}$ c) $\{x \in \mathbb{R} | x < -\sqrt{6} \lor 0 < x < 2 \lor x > \sqrt{6}\}$

d) $\{x \in \mathbb{R} | -2 \leq x < -1 \lor 0 < x < \dfrac{1}{3} \lor x \geq \dfrac{1}{2}\}$ e) $\{x \in \mathbb{R} | 0 < x \leq \dfrac{2}{3} \lor 3 \leq x < 4\}$

194 a) $\{x \in \mathbb{R} | x < -1 \lor 1 < x < 2\}$ b) $\{x \in \mathbb{R} | -3 < x < 3 \lor x > 3\}$ c) $\{x \in \mathbb{R} | x > 2\}$

d) $\{x \in \mathbb{R} | x > 2\}$ e) $\{x \in \mathbb{R} | x \leq \dfrac{3}{2} \lor x \geq 2\}$

195 a) $\{x \in \mathbb{R} | x < 5\}$ b) $\{x \in \mathbb{R} | 1 < x < 2\}$ c) $\{x \in \mathbb{R} | 1 \leq x < 2\}$ d) $\{x \in \mathbb{R} | -3 < x < -\sqrt{7} \lor \sqrt{7} < x < 3\}$

196 a) $\{x \in \mathbb{R} | -3 < x \leq 2\}$ b) $\{x \in \mathbb{R} | \dfrac{1}{3} \leq x < 5\}$ c) $\{x \in \mathbb{R} | 2 \leq x \leq 3\}$ d) $\{x \in \mathbb{R} | 0 < x \leq 3\}$

e) $\{x \in \mathbb{R} | x > 2\}$ f) $\{x \in \mathbb{R} | -\dfrac{13}{5} < x < -\dfrac{16}{7}\}$ g) $\{x \in \mathbb{R} | 1 \leq x < 4\}$

h) $\{x \in \mathbb{R} | -2 \leq x < -1 \lor 2 < x \leq 3\}$ i) $\{x \in \mathbb{R} | -\dfrac{3}{2} < x < \dfrac{1}{2} \lor 3 < x < 5\}$

V. TEOREMA DE PITÁGORAS

Pitágoras [570 AC (Samos, Grécia) – 495 AC (Metaponto, Itália)]

1 – Teorema de Pitágoras (É o mais famoso teorema da Matemática)

"Em todo triângulo retângulo, a área do quadrado construído sobre a hipotenusa é igual à soma das áreas dos quadrados construídos sobre os catetos."

O triângulo mais famoso é o 3, 4, 5

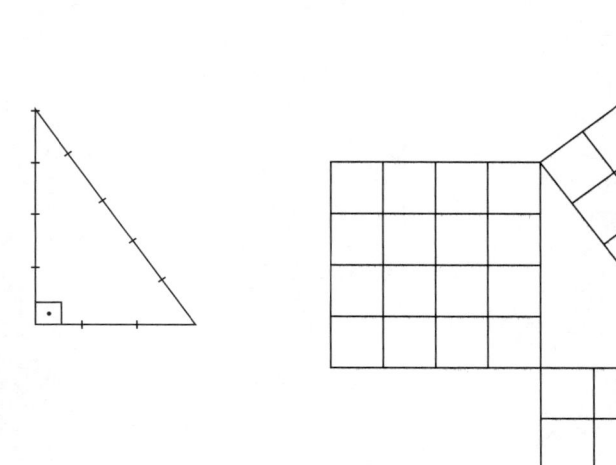

$5^2 = 25$
$\left.\begin{array}{l}4^2 = 16 \\ 3^2 = 9\end{array}\right\} 25$

Note que $25 = 16 + 9$

$$5^2 = 4^2 + 3^2$$

Sendo **a** a medida da hipotenusa e **b** e **c** as medidas dos catetos, enunciamos:

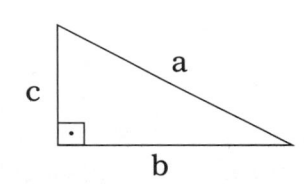

Teorema de Pitágoras: " O quadrado da medida da hipotenusa é igual à soma dos quadrados das medidas dos catetos"

$$a^2 = b^2 + c^2 \quad \text{ou} \quad b^2 + c^2 = a^2$$

Uma demonstração (Há mais de 300)

Vamos construir um quadrado de lado (b + c), como mostra a figura. Em cada canto temos um triângulo retângulo de catetos **b** e **c** e hipotenusa **a**, e como ângulos agudos de um triângulo retângulo são completamentares (somam 90°) obtemos que a figura do centro é um quadrado de lado **a**. Note que o quadrado maior tem área **(a + b)²**, o menor tem área **a²** e cada triângulo tem área $\dfrac{bc}{2}$.

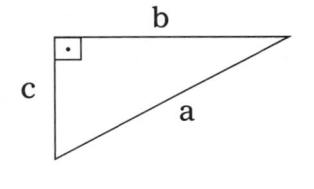

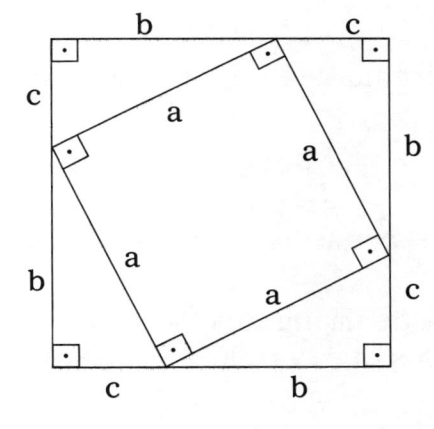

Como a área do quadrado maior é a soma da área do menor com os 4 triângulos retângulos, temos:

$$(b+c)^2 = a^2 + 4\left[\frac{bc}{2}\right] \Rightarrow$$

$$b^2 + 2bc + c^2 = a^2 + 2bc \Rightarrow$$

$$b^2 + c^2 = a^2 \quad \text{ou} \quad a^2 = b^2 + c^2$$

Observe a seguinte demonstração:

A partir da figura da esquerda vamos construir um quadrado de lado a sobre as hipotenusas e dois quadrados adjcentes de lados **b** e **c**, como mostra a figura da direita.

As letras maiúsculas no interior de cada região indicam suas áreas, onde **S** é a área do triângulo original.

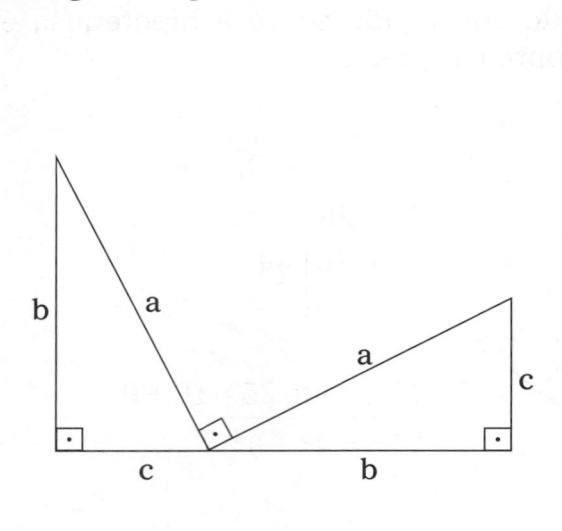

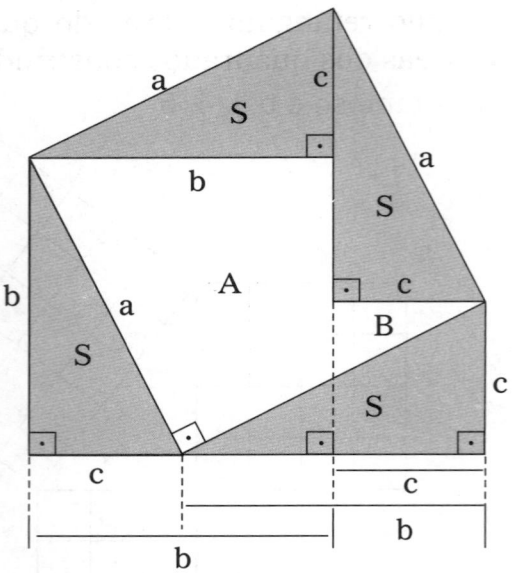

Note que:
- a área do quadrado de lado a é composta de: A + B + 2S.
- a soma das áreas dos quadrados menores é composta de: A + B + 2S.

Então: $a^2 = b^2 + c^2$

2 – Recíproco do teorema de Pitágoras

"Se em um triângulo, o quadrado de um lado é igual à soma dos quadrados dos outros dois, então ele é um triângulo retângulo.

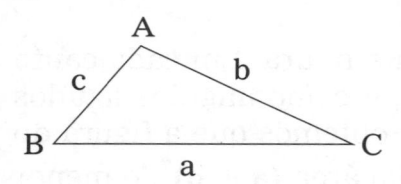

$a^2 = b^2 + c^2$ ⇒ $\hat{A}$ é reto

Demonstração: Vamos construir um triângulo retângulo A'B'C' com catetos **b** e **c** e hipotenusa a', com A' sendo ângulo reto.

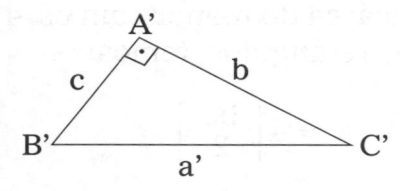

Pelo teorema de Pitágoras obtemos:

$a'^2 = b^2 + c^2$. Então:

$a'^2 = b^2 + c^2$ e $a^2 = b^2 + c^2$ (hipótese), donde obtemos que a' = a.

Então pelo caso LLL de congruência de triângulos, obtemos que ABC e A'B'C' são congruentes. Então, como A' = 90º, obtemos que $\hat{A}$ = 90º. Se $\hat{A}$ é reto, então o triângulo ABC é triângulo retângulo.

Exemplo 1: Determine x.

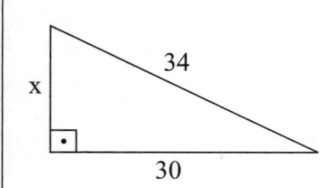

Solução:

$x^2 + 30^2 = 34^2$

$x^2 = 34^2 - 30^2$

$x^2 = (34 + 30)(34 - 30)$

$x^2 = 64 \cdot 4 \Rightarrow x = 8 \cdot 2 \Rightarrow \boxed{x = 16}$

Resposta: 16

Exemplo 2: Calcule x na figura abaixo.

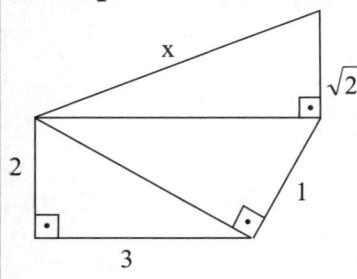

Solução:

1) $y^2 = 2^2 + 3^2$
   $y^2 = 4 + 9$
   $y^2 = 13$

2) $z^2 = y^2 + 1$
   $z^2 = 13 + 1$
   $z^2 = 14$

3) $x^2 = z^2 + (\sqrt{2})^2$
   $x^2 = 14 + 2$
   $\boxed{x = 4}$

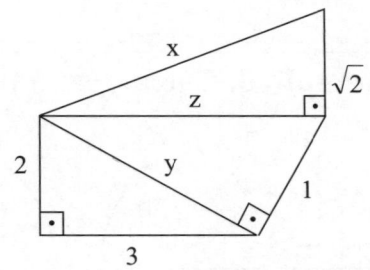

Resposta: 4

Exemplo 3: Calcule o lado oblíquo do trapézio abaixo:

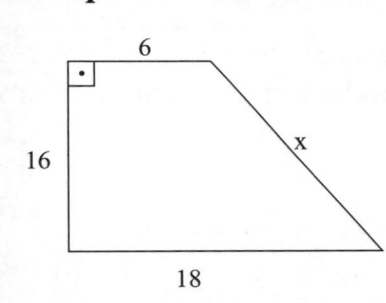

Solução:

Por Pitágoras:

$x^2 = 12^2 + 16^2$

$x^2 = 144 + 256$

$x^2 = 400 \Rightarrow \boxed{x = 20}$

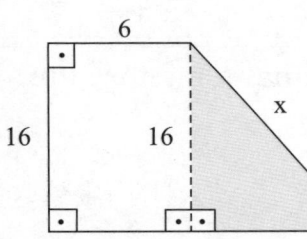

Resposta: 20

Exemplo 4: Calcule x na figura abaixo:

Solução:

De acordo com as medidas indicadas e por Pitágoras no triângulo sombreado, tem-se:

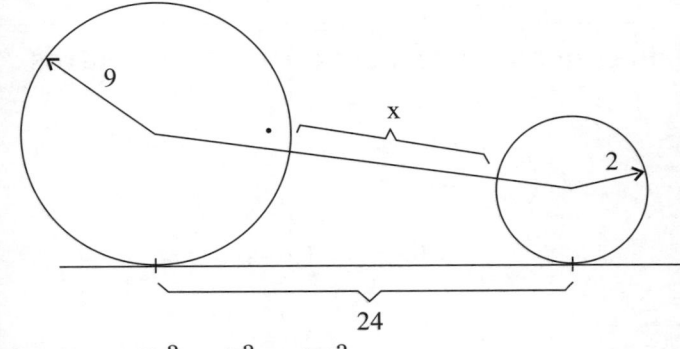

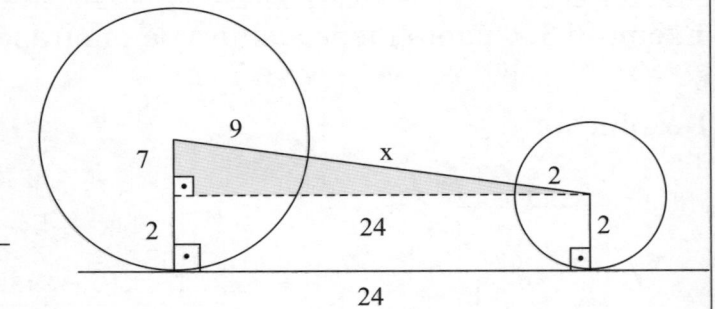

$(9 + x + 2)^2 = 7^2 + 24^2$

$(11 + x)^2 = 49 + 576 \Rightarrow (x + 11)^2 = 625 \Rightarrow$

$\Rightarrow x + 11 = 25$ ou $x + 11 = -25$

$\quad x = 14 \qquad\qquad x = -36$ (impossível)

Resposta: 14

Exemplo 5: O perímetro do quadrilátero abaixo é 32 cm. Calcule sua altura:

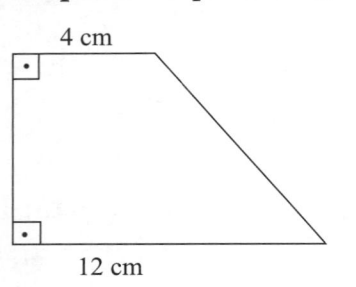

Solução:

$$\begin{cases} x + 4 + y + 12 = 32 \\ y^2 = x^2 + 8^2 \end{cases}$$

$$\begin{cases} x + y = 16 \\ y^2 = x^2 + 64 \end{cases}$$

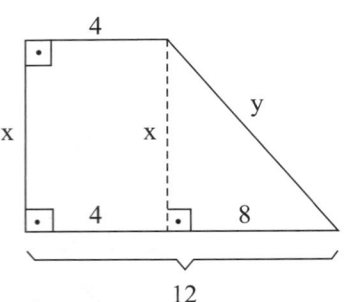

$\begin{cases} y = 16 - x \\ y^2 = x^2 + 64 \end{cases} \Rightarrow (16-x)^2 = x^2 + 64 \Rightarrow 256 - 32x + x^2 = x^2 + 64$

$-32x = -192 \Rightarrow \boxed{x = 6}$

Resposta: 6 cm

Exemplo 6: Calcule x na figura abaixo:

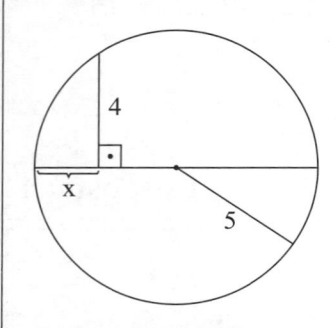

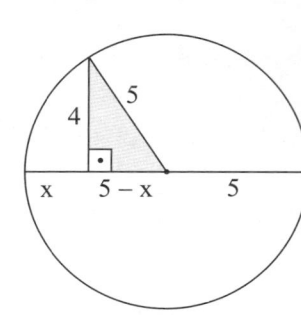

Solução:

$(5 - x)^2 + 4^2 = 5^2$

$(5 - x)^2 = 9$

$5 - x = 3$ ou $5 - x = -3$

$\boxed{x = 2}$ $x = 8$ (não convém, pois $x < 5$)

Resposta: x = 2

Exemplo 7: Determinar a menor altura de um triângulo com lados de 9 cm, 15 cm e 18 cm

Resolução:

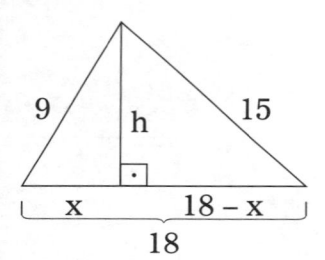

$\begin{cases} h^2 + x^2 = 9^2 \\ h^2 + (18 - x)^2 = 15^2 \end{cases}$

$\begin{cases} -h^2 - x^2 = -81 \\ h^2 + 324 - 36x + x^2 = 225 \end{cases}$

$324 - 36x = 144 \Rightarrow$

$-36x = -180 \Rightarrow \boxed{x = 5} \Rightarrow$

$h^2 + 5^2 = 9^2 \Rightarrow x^2 = 56 = 4 \cdot 14$

$\Rightarrow \boxed{x = 2\sqrt{14}}$

Resposta: $x = 2\sqrt{14}$ cm

Exemplo 8: Quanto mede a altura de um trapézio com bases de 4 cm e 10 cm e os outros lados com 5 cm e 7 cm.

Resolução:

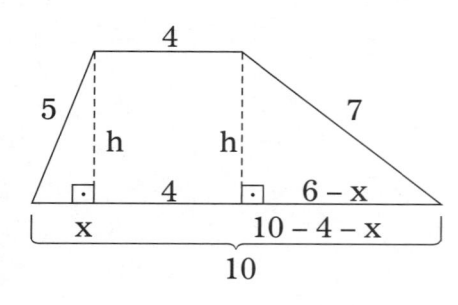

$\begin{cases} h^2 + x^2 = 5^2 \\ h^2 + (6 - x)^2 = 7^2 \end{cases}$

$\begin{cases} -h^2 - x^2 = -25 \\ h^2 + 36 - 12x + x^2 = 49 \end{cases}$

$36 - 12x = 24 \Rightarrow$

$12x = -12 \Rightarrow \boxed{x = 1} \Rightarrow$

$h^2 + 1^2 = 5^2 \Rightarrow$

$h^2 = 24 = 4 \cdot 6$

$\Rightarrow \boxed{h = 2\sqrt{6}}$

Resposta: $2\sqrt{6}$ cm

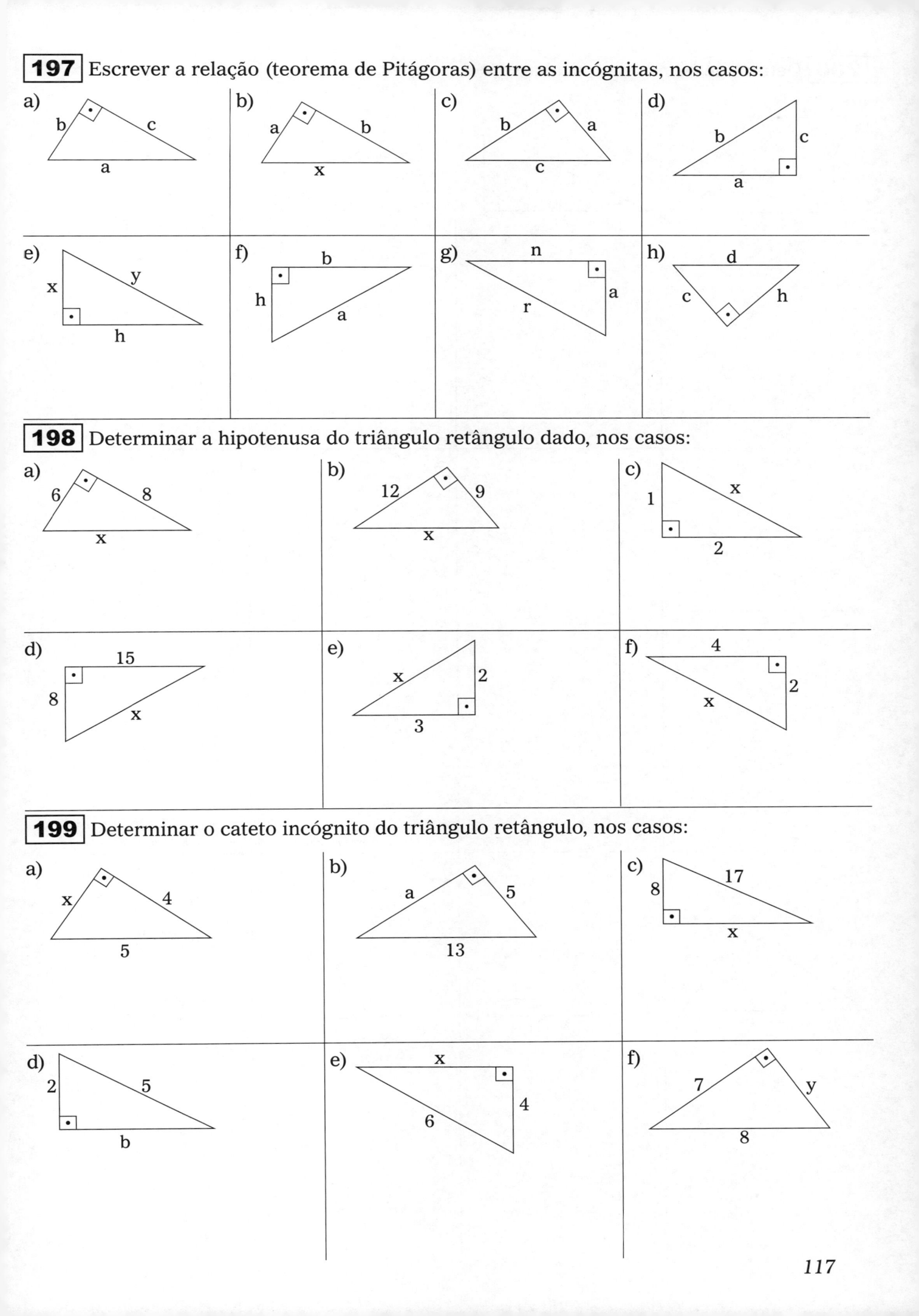

197 Escrever a relação (teorema de Pitágoras) entre as incógnitas, nos casos:

a) triângulo com catetos b e c, hipotenusa a

b) triângulo com catetos a e b, hipotenusa x

c) triângulo com catetos b e a, hipotenusa c

d) triângulo com catetos a e c, hipotenusa b

e) triângulo com catetos x e h, hipotenusa y

f) triângulo com catetos h e b, hipotenusa a

g) triângulo com catetos a e n, hipotenusa r

h) triângulo com catetos c e h, hipotenusa d

198 Determinar a hipotenusa do triângulo retângulo dado, nos casos:

a) catetos 6 e 8, hipotenusa x

b) catetos 12 e 9, hipotenusa x

c) catetos 1 e 2, hipotenusa x

d) catetos 15 e 8, hipotenusa x

e) catetos 3 e 2, hipotenusa x

f) catetos 4 e 2, hipotenusa x

199 Determinar o cateto incógnito do triângulo retângulo, nos casos:

a) cateto x, cateto 4, hipotenusa 5

b) cateto a, cateto 5, hipotenusa 13

c) cateto 8, cateto x, hipotenusa 17

d) cateto 2, cateto b, hipotenusa 5

e) cateto x, cateto 4, hipotenusa 6

f) cateto 7, cateto y, hipotenusa 8

117

200 Determine x nas figuras abaixo:

a)
![triângulo retângulo com catetos x e 4, hipotenusa 5]

b)
![triângulo retângulo com catetos 24 e 7, hipotenusa x]

c)
![triângulo retângulo com catetos 6 e x, hipotenusa 10]

d)
![triângulo retângulo com catetos 12 e x, hipotenusa 13]

e)
![triângulo retângulo com catetos 3 e x, hipotenusa 6]

f)
![triângulo retângulo com catetos x e 12, hipotenusa 20]

g)
![triângulo retângulo com catetos 8 e x, hipotenusa 15]

h)
![triângulo retângulo com catetos x e 9, hipotenusa 41]

i)
![triângulo retângulo com catetos x e x−1, hipotenusa x+1]

j)
![triângulo retângulo com catetos x+2 e x−2, hipotenusa x]

l)
![triângulo retângulo com catetos x e x, hipotenusa $4\sqrt{2}$]

m)
![triângulo retângulo com catetos x+20 e 10, hipotenusa x+18]

201 Determine x nas figuras abaixo:

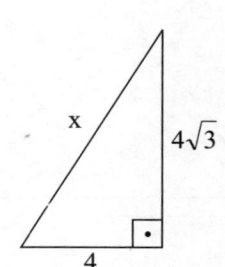

a) Triângulo retângulo com catetos 18 e 24, hipotenusa x.

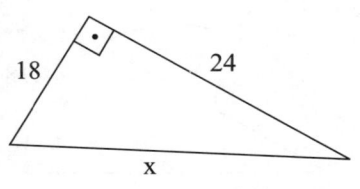

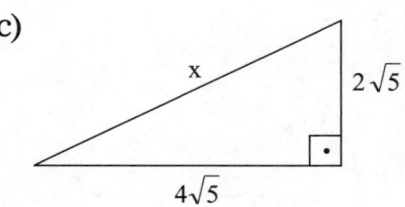

b) Triângulo retângulo com catetos 4 e $4\sqrt{3}$, hipotenusa x.

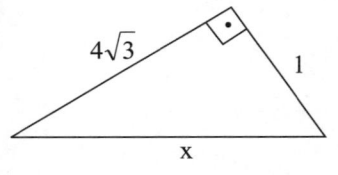

c) Triângulo retângulo com catetos x e $4\sqrt{5}$, hipotenusa $2\sqrt{5}$.

d) Triângulo retângulo com catetos $4\sqrt{3}$ e 1, hipotenusa x.

e) Triângulo retângulo com catetos 4 e x, hipotenusa $2\sqrt{13}$.

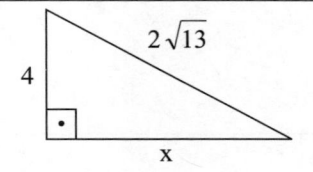

f) Triângulo retângulo com catetos x e 2x, hipotenusa $\sqrt{5}$.

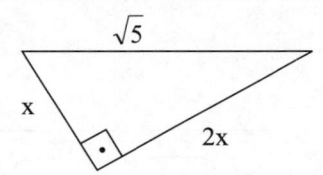

g) Figura com x, 1, 1, 1.

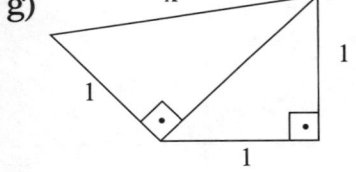

h) Figura com x, 30, 24, 32.

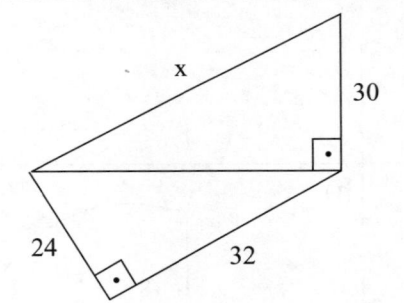

i) Quadrilátero com $4\sqrt{5}$, 6, 12, x.

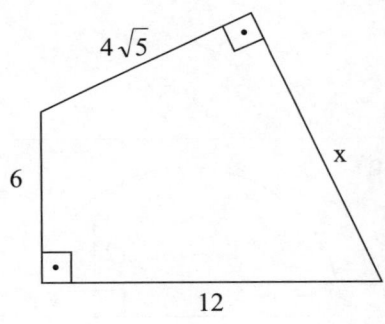

Resp: **197** a) $a^2 = b^2 + c^2$ b) $x^2 = a^2 + b^2$ c) $c^2 = a^2 + b^2$ d) $b^2 = a^2 + c^2$ e) $y^2 = x^2 + h^2$ f) $a^2 = b^2 + h^2$ g) $r^2 = a^2 + n^2$

h) $d^2 = h^2 + c^2$ **198** a) 10 b) 15 c) $\sqrt{5}$ d) 17 e) $\sqrt{13}$ f) $2\sqrt{5}$ **199** a) 3

b) 12 c) 15 d) $\sqrt{21}$ e) $2\sqrt{5}$ f) $\sqrt{15}$

202 Determine o valor de x nos casos abaixo:

a) [circle with inscribed triangle; sides 10, x, and diameter 13]

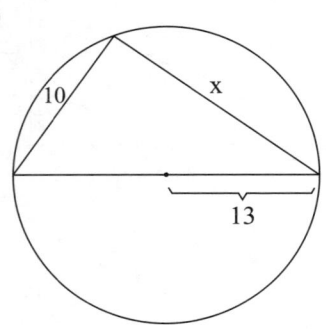

b) [circle with chord split 5 and 2, perpendicular segment x]

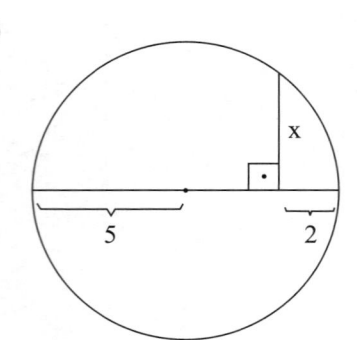

c) [circle with inscribed triangle; sides 24, 18, diameter x]

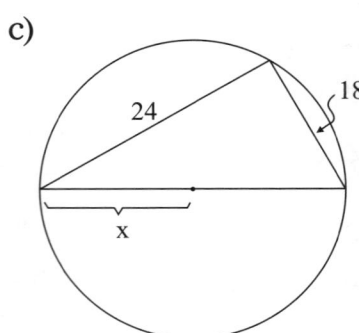

d) [circle with inscribed quadrilateral; sides x, $2\sqrt{19}$, 12, 16]

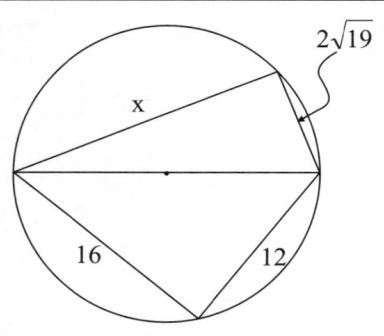

e) [circle with inscribed triangle; side x, side $4\sqrt{3}$, angle 60°]

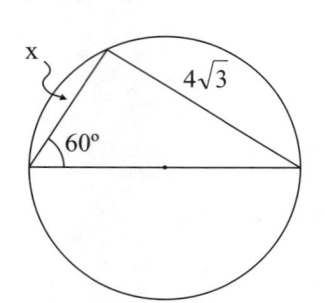

f) [circle with perpendicular chords; segments 3, 9, and x on diameter]

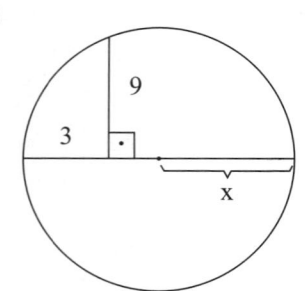

g) [circle; diameter segment 15, perpendicular 12, segment x]

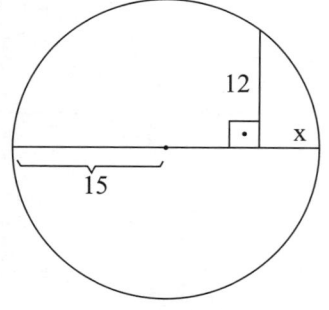

h) [circle; diameter segment 24, perpendicular 18, segment x]

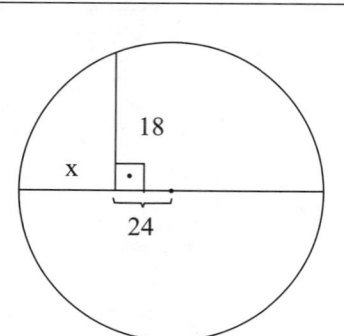

i) [circle; diameter segment x, perpendicular 4, segment 12]

120

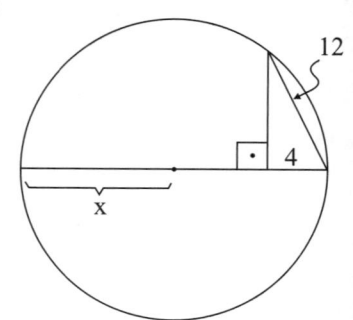

203 Determine a altura do trapézio nos casos:

a) [trapézio com bases 4 e 19, lado 17, altura reta]

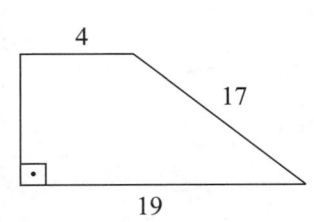

b) [trapézio isósceles com bases 4 e 16, lados 10]

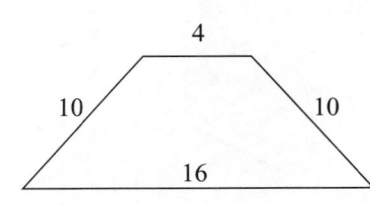

c) [trapézio com base menor 6, base maior 13, lados x+4 e x+5]

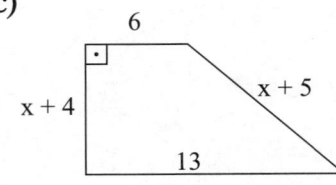

204 Determinar x nos casos abaixo:

a) [dois círculos de raios 18 e 8 tangentes externamente sobre uma reta, x = distância entre os pontos de tangência]

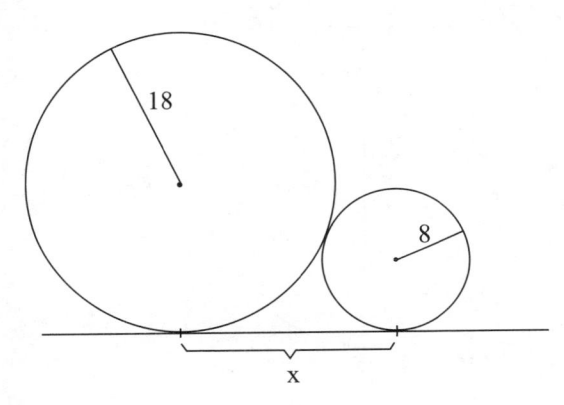

b) [dois círculos de raios x e 12, distância entre pontos de tangência = 36]

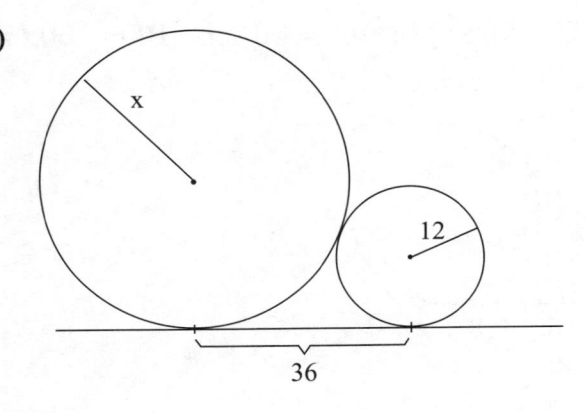

c) AB = 20 cm; PQ = x

[circunferência de raio 8 cm com centro A e circunferência de raio 4 cm com centro B; reta tangente comum tocando em P e Q]

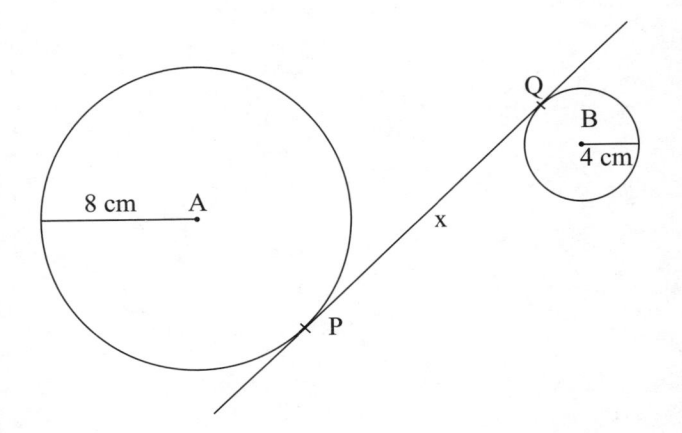

Resp: **200** a) 3 b) 25 c) 8 d) 5 e) $3\sqrt{3}$ f) 16 g) 17 h) 40 i) 4 j) 8 l) 4 m) 6

201 a) 30 b) 8 c) 10 d) 7 e) 6 f) 1 g) $\sqrt{3}$ h) 50 i) 10

205 Determinar x nos casos abaixo:

a)

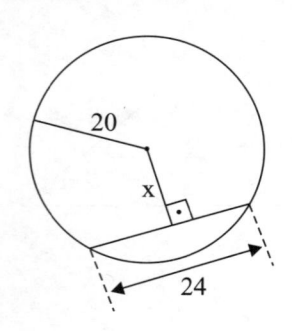

b)

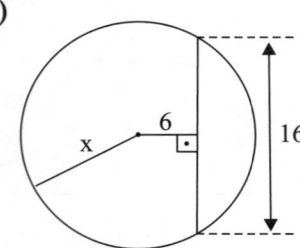

c)

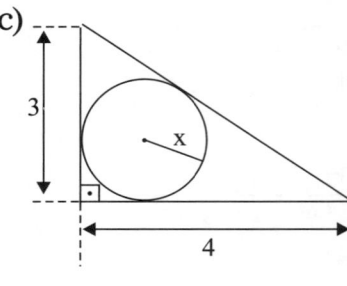

206 Determinar o raio dos círculos nos casos abaixo:

a) ABCD é losango; AC = 80 cm ; BD = 60 cm.

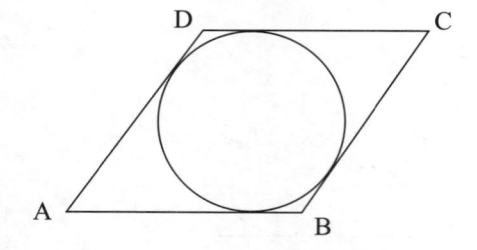

b) AB = AC ; AH = 18 cm.

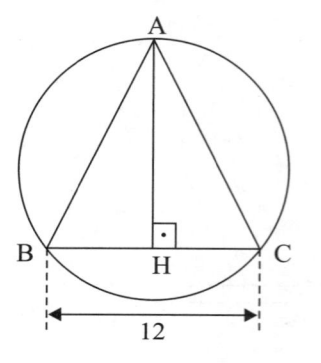

c) ABCD é trapézio ; AB = 24 cm ; CD = 8 cm.

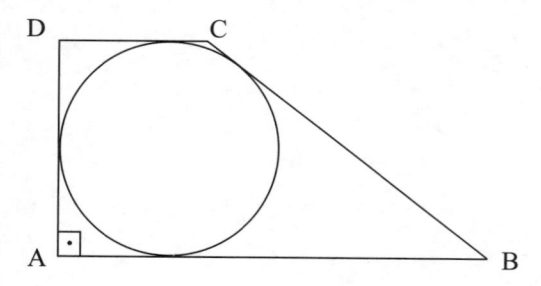

207 Determinar a altura h, do triângulo, indicada na figura, nos casos:

a)

b)

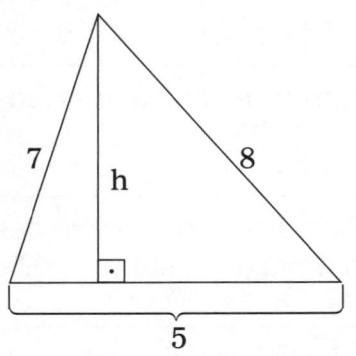

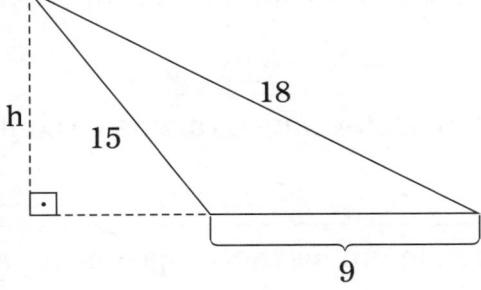

208 Determinar a altura do trapézio, nos casos:

a) 7 e 12 são as bases

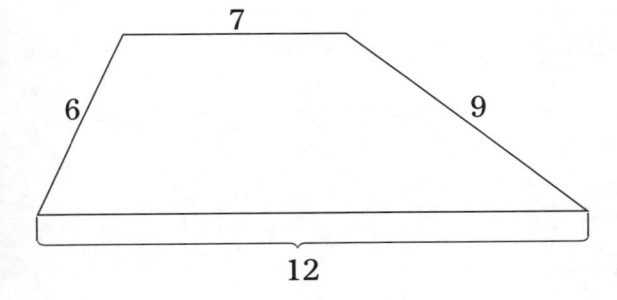

b) 5 e 9 são as bases

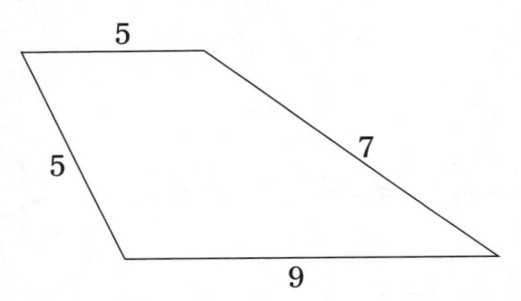

Resp: **202** a) 24　b) 4　c) 15　d) 18　e) 4　f) 15　g) 6　h) 6　i) 18　**203** a) 8　b) 8　c) 24

204 a) 24　b) 27　c) 16 cm

123

209 Uma circunferência tem raio de 25 cm. Quanto mede uma corda desta circunferência que dista 7 cm do centro?

210 Traça-se um segmento PT de 6 cm, tangente em T à uma circunferência de raio 8 cm. Quanto é a distância de P até à circunferência?

211 Um ponto P, externo de uma circunferência de raio 12 cm, dista 20 cm do centro dela. Quanto mede o segmento tangente à circunferência traçado à partir deste ponto?

212 Qual o comprimento do segmento tangente comum à duas circunferências tangentes externamente e de raios de 9 cm e 16 cm?

213 Qual o raio de uma circunferência que está inscrita em um triângulo retângulo de catetos 12 e 16?

214 As bases de um trapézio retângulo medem 6 m e 30 m. Determine o raio da circunferência nele inscrita.

215 Quanto mede o raio de uma circunferência inscrita em um losango cujas diagonais medem 30 cm e 40 cm?

216 Duas circunferências são tangentes internamente e o raio de uma é cinco vezes maior que o raio da outra. Qual é o menor valor inteiro possível para uma corda da circunferência maior que é, simultaneamente, perpendicular a um diâmetro da circunferência maior e tangente à circunferência menor?

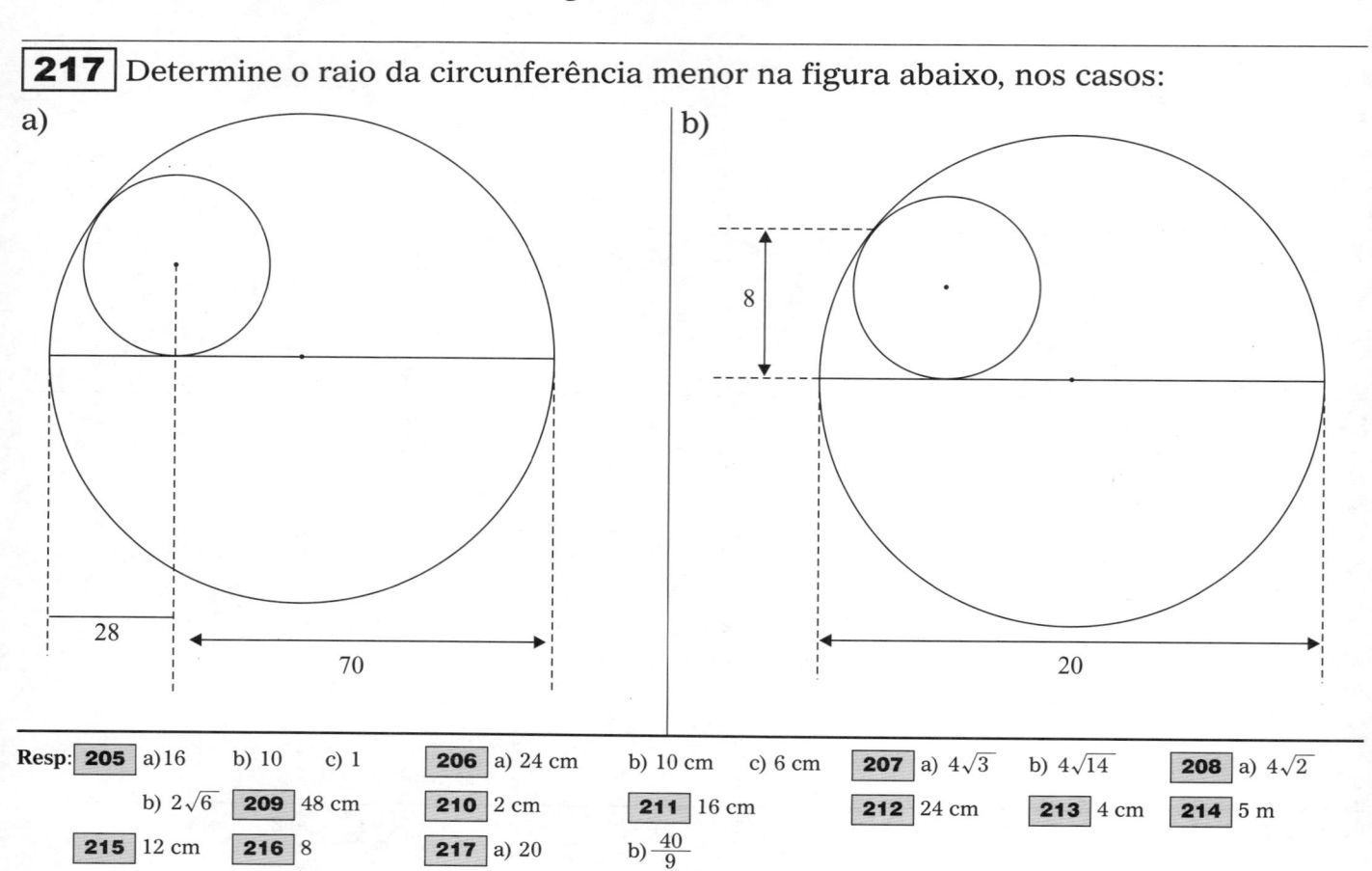

217 Determine o raio da circunferência menor na figura abaixo, nos casos:

a) [figura: círculo maior com diâmetro dividido em 28 e 70, círculo menor interno]

b) [figura: círculo maior de diâmetro 20, círculo menor interno com distância 8]

Resp: **205** a) 16 b) 10 c) 1 **206** a) 24 cm b) 10 cm c) 6 cm **207** a) $4\sqrt{3}$ b) $4\sqrt{14}$ **208** a) $4\sqrt{2}$ b) $2\sqrt{6}$ **209** 48 cm **210** 2 cm **211** 16 cm **212** 24 cm **213** 4 cm **214** 5 m **215** 12 cm **216** 8 **217** a) 20 b) $\dfrac{40}{9}$

124